U0164766

電影《二次人生》：

「當鮮花完成第一次生命，變成了乾花就是第二次，一樣很漂亮。」

二次人生

前言

何力恒◆策劃

資訊科技年代，有一個從未踏足出版界的素人去策劃自資出書，為的是甚麼？還有人看實體書本嗎？有多久沒見人在地鐵車廂裏看書？花時間去看罷一本書，值得嗎？

又有一個導演想開拍他人生第一套港產電影，怕了政府繁瑣審批，最終找了幾個好友願意投資低成本製作，加上私人向銀行借貸，恰好夠錢開機組班拍攝。

他們都是兩個界別裏的素人，誰給他們膽子作這無謂的犧牲？出書、攪電影從來就是一條不歸路，哪有只憑一股幹勁就可以到處馳騁？

聽下去，他們應該絕望嗎？已放棄？

還未。

導演籌組資金和班底正是二〇一九年三月，香港社會運動開始，經濟開始下滑，幾番思量，為了節省開支，導演最後堅持二〇一九年九月開拍，二〇一九年十月拍畢，共十九個拍攝日。

出版素人在二〇二〇年一月籌備他的新書，不久，在迎春接福之前，還迎接了新冠病毒，在未知疫情去向下，素人決定按原定計劃，向一年一度書展進發，陪伴他的是一群有心人和不離不棄的疫情⋯⋯

聽下去，總覺怪怪，攪甚麼？哪有一定要在這混亂的時候去做夢嗎？他們有疾病纏身，怕不能及早完夢？

沒有。

最可怕的還未告訴大家，素人跟導演其實是同一個人。他是傻的嗎？可能。

現在怎樣？

活生生的生活中，寫他新書裏的「前言」。答謝願意為他無私奉獻，把人生閱歷跟讀者分享的五十多位二次人生愛好者。

序

梁以花◆編者

《二次人生》電影的旅程對我而言是一個又一個的奇蹟。在資源極度緊絀、人手十分有限和漫長的籌備過程中，團隊（特別是導演），跨過一個又一個障礙把事情完成。所以當我知道有這個出版計劃時，我便一口答應。

我和文字糾纏了二十多年，自知不是才華洋溢，但好幾次離開又神推鬼撞的回到電腦前寫作。我很慶幸有《二次人生》這個機會，讓我親眼目睹，只要有決心沒有事情是不可能的。謝謝何力恒導演給我的信任。更要感謝書內所有作者的參與，無私分享個人經歷，沒有你們的故事便沒有這本書的出現。當中的文章使我動容、意外、豁然，人生誠如大千世界有無限可能，期盼每位讀者都能在書中找到一點啟發或者共鳴。

編輯之時，正是新型冠狀病毒肆虐香港期間。雖然前面的一切並未可知，但憑着堅持大家一定可以走過幽谷到達美好。

二〇二〇年〇二月十七日

目錄

【第一章】現實篇之失

【第二章】幻想篇

【第三章】現實篇之得

【第四章】當下篇之不變

【第五章】
當下篇之不斷變

【第一章】

現實篇之失

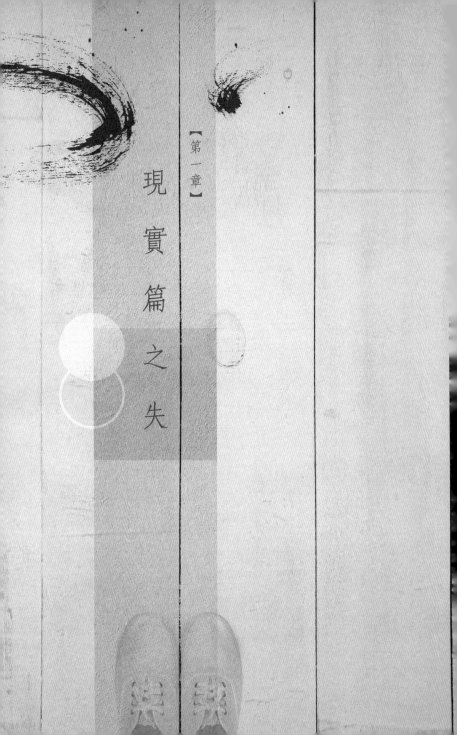

數學的人生應用題

朵朵

斜槓藝術勞動者
專職口述影像
藝術策劃
導賞

那一年，朵廿七歲，說不出的尷尬年齡。四捨五入，算三十。

那一天，朵接了一通電話，是輝的爹來電，是急事。說了，也就不急。輝在阿德萊德小型飛機墜機了。沒能好好說再見呢，這念頭一閃而過。

夜裏，打開窗，朵看着拇指大的車輛在趾縫間來來往往，一左、一右、一左、一右。輝說過：「等我，有一天我會駕自己的車來接你。」騙子！朵不禁失笑，騙子還是認認真真的遇上了一個呢。視網膜脫落還要強當機師本身就是一場可預視的災難，一個不負責任的笑話。讓 Winnie 坐你他媽的車，坐你他媽的飛機吧，衝上雲霄，最後衝落平原，不失是個好結局。

話說回來，為何要等？

花了兩個廿四小時，朵一口氣辦妥了一點點事，包括退回龍鳳鐲婚戒、禮金、折現放售禮餅券、取消場地、禮服租訂，也包括一刀一刀銷毀一張張看不出是自己的婚紗相。

等價治療，一日兌一日，二千八百零八日後，我告訴你，朵仍是朵的模樣，至少看來是。若不是，又如何？只有更好與更差，以及沒有差。

這一年，朵三十七歲，又一個說不出的尷尬年齡。四捨五入，算四十。

朵有了自己的窩，坐擁一牆的書，開展自己的工作室，也多了幾張畢業證書，吃睡拉都不能再正常，狠狠地過着活，活計不憂，也就甚麼都不缺。忙過了一日，又過了一天，如此來來回回，只是沒有了一點青春。青春沒能好好說再見，已成習慣。

這一天，朵在一所非牟利機構當口述影像志工，遇上輝，正確來說，是輝的老年版，當然，不是輝他爹咯。職員照應一下，完成義工和服務使用者的配對後，剩下老輝和朵。朵輕拍老輝的手背，自我介紹後，老輝輕扣朵的手肘，跟着走。朵成了輝的陪同者，成了他的眼——他其中的一雙眼睛，這一次他沒能挑。朵問，老頭你能看多少？輝只是微微一笑，笑得挺好看，「有光，看見也看不見；沒有光，看看是否想看見」……朵暗忖，這老頭好討厭嘛。

這個故事往下沒啥好說，先在此打住。

話說朵之後沒有再遇上輝老頭，倒是花了一小時又一小時又一小時，一年復一年，成了一位又一位願意看見的視障者的眼睛。

有光有時，無光有時，管它呢，重要的是朵看得見，看見看見。

心不死自能復生

Wasabi • 創作人

有些事情，常理上看似無可能，但原來換個角度，又可以把沒可能的，化作可能！人生就是這樣，可以峰迴路轉可以絕處逢生，不好的原來也能一天變好！人只能活一次，擁有第二人生常理上是絕不可能的事，但，經歷卻可以讓我們遇上如重生般的神跡。

小時候的我，很會小聰明，任何事情對我大多只是手板眼見功夫，很快便學得懂，模仿力特別強，人家的舉止談吐，我馬上便能掌握學得維肖維妙。這本領三歲左右便會，直至中學也一直贏得影帝之名，我既愛演，在校內校外也獲獎無數。當年的我，不止覺得這本能是我與生俱來之技，更是人生中唯一可以比人優勝的。

我在傳統的名校成長，要在學校裏取得認同不易，若非學業成績名列前茅，便得在運動比賽中成績彪炳；我兩者皆不是，所以從不能得到大眾的認同。我想，就像現下很多年輕人一樣，找不到自己的價值，總似一無是處，想為自己找點自信也不易扎根，初萌芽便凋謝。所以，當發現自己有點演戲的才能，很自然地就從此處下工夫灌溉，從而建立了點點的自信來。同學們都說，我定能成為一個演員。聽了這樣的話，我很是高興，因為演戲是我的興趣，也可以說是十來歲的我，唯一能找到屬於自己，也值得自豪的價值！升中四那年，同學們都為選文科或理科煩惱，我卻沒有，因為文科也好、理科也好，影響不了日後我的演員路！

中學會考的成績，跟我預期的差不多，剛合格、考不上中六。當然了吧！成績該和努力掛鉤的，我沒好好用過功，成績自然不會好！家人朋友都為我擔心，我卻沒有！我說：「下年演藝學院便招收第一屆學生了，這一年我先學學其他，下一年度我便是演藝學生！」我當時是充滿信心的，其實，身邊的所有人都一樣。

人，真是在斷氣的一刻才算死去嗎？我告訴你，絕對不是！斷氣是生命的完結，但人生可以在氣絕之前已終結！我記得，那一年，當我收到演藝學院寄來說我沒被取錄的那封信時，我的人生已告完結！不是失望，是失去一個靈魂！不是自尊受損，而是再找不到自己！在此之前，我其實不知道甚麼叫自信，那一刻我才真正知道失去自信的感覺；是那種人生只得一種技能，你因這技能找到自己的價值，知道自己還能幹一點事……然後，一剎間，靈魂像被抄空了，彷彿再不存在了……前途？莫說得太遠吧！當下的一刻都找不到站穩的氣力。總而言之，人生就像在那一刻終結了。

朋友說，自那一年開始，我失了光彩，連說話的聲線也不再如前響亮了。我知道甚麼叫意志消沉。我沒有躲在家自暴自棄也沒有輕生的念頭，但我再也不敢對自己的未來有任何憧憬。我開始找工作，人總得面對現實！我，在找很基層的工作，打算從最低最基本的工作做起，那個年頭那個工種叫練習生，英文叫 office boy or messenger。當時的我覺得這是很踏實的，成績不好、沒特別技能，不是從信差做起，還奢想甚麼優差？對一個毫無自信的人來說，這該已是很積極的想法吧！但原來，對我失去信心的，只有我自己，我的朋友們並沒對我的能力生疑，在他們的鼓勵下，他們為我選了一條他們覺得很適合我的路——廣告業。

走上創作之路後，可算是我的另一人生，其實唸書時候的我並沒察覺自己有任何創意，因為我的母校從來都鼓勵自我發展和發揮創意，在我們成長的環境中，創意就如課堂一樣來得自然，身邊的同學創意比我好的，大有人在。唸書時，中文成績也不突出，跟中文修養高的同學，我還差很遠！所以，對於以文字創作為職業，真的在我想像之外的十萬九千光年！上天安排，我的創作力在機緣下被電台高層賞識，進了電台工作後，逐步由廣告撰稿員，兼任唱片騎師，其後再發表散文、出版小說……在無心插柳的情況下，電台節目收聽率不錯、書亦賣得很好，開始建立了一定的影響力，然後……

「現下劇界欠缺大肆宣傳的能力，若我能以我僅有的影響力，把一班不認識舞台劇的人帶進劇場，可好？」二〇〇四年，我這樣跟劇界的朋友說。我不是說我有天大的號召力，我只想能出一分力，就是小小的一分也好！朋友們贊成我的說法，所以……二〇〇五年，在我考不進演藝學院的二十年後，在一個我曾經怕得不敢步近的演藝學院內的劇場中，我製作了七場的小演出；自資的！賠了點錢！但我沒後悔，因為，我的演戲人生復活了！我記得，那一年在最後一場謝幕時我說：「這次回到舞台，我便不會再離開！」雖然那次之後，至今只當過一次的演員，但我十多年來都沒有離開過劇界，一直有為一些中小型劇團獻計、策劃宣傳。

曾經被我視為人生中唯一的，曾經死過，卻在偶然下復生。原來只要心不死，人生還是有第二、第三……次的！

共勉！

哥哥給我的禮物

law少 ◆ 財務策劃

面對一個經常給你或家人麻煩的（病）人，很多時候你都想憑一己之力去改變他，但事實上有可能嗎？

面對患上精神病接近二十年的哥哥，我有時幻想或者有一天爸媽老了離開世界，或者他就會醒過來，或者那時就會有奇蹟般大逆轉，他發現無人可依靠，然後決心重掌自己的人生。

原本我一直等待一個人改變，最後反而是他的死改變了我自己。他在二〇一二年十一月二十八日從家中跳樓自殺。

然後他的死讓我改變了很多。

我沒有機會重新接納他，但我有機會接納更多其他人，尤其病患者。

我沒有機會再去愛惜他，但我有機會對我現在的家人及朋友更好，有更多耐性。

我沒有機會讓他投入我的生活圈子，但我有機會更用心去擴大圈子，去觸及這刻尚未有好好享受社交的人，培養友情的人。

死去的哥哥給我最大的禮物就是我用盡百分之九十九去學習愛其他人，都沒有百分之一能夠用在他身上。這會是終身的遺憾，但也是畢生的動力。

改變了心態，就改變了人生的優先次序，我發現我三十歲前跟哥哥經歷的都是非常有價值的事，當時內心有一種感動，知道必須要把哥哥跟我的故事好好記錄，但日常的工作加上當時抑壓的情緒根本不能完成當時人生最重要的事。

我毅然離開已工作超過九年的商業電台，裸辭後用一個月時間寫成初稿，大概半年時間把書《原來在沒有盼望的地方才需要盼望》出版。由分享故事開始，一邊吸收精神病的知識，一邊找機會接觸康復者及照顧者，然後又再結合自己行山跑步的興趣，慢慢組成了獅子山精神隊，希望建立一個運動社交的平台，讓更多有情緒或精神困擾的人，可以無障礙地建立社交圈子，找到可以平等交流相處的朋友。

時至今天，我們一起呼吸過不少新鮮空氣，我們一起完成過毅行者，我們一起登上富士山看御來光（日出）。

我們一起在不能改變的世界之下，保存自己的一點善良，已是不改變中的改變。

人生從離婚開始

文淑儀 ◆ 表達藝術治療師

年輕時我是一個很平凡的女生，愛情大過天，希望有白馬王子出現讓我從此之後快快樂樂，擁有幸福美滿的人生。在大學時期我便遇上這位白馬王子，當時我不乏追求者，最後選上既上進又英俊的他，一心把他視為結婚對象。

但原來和白馬王子結婚後，不一定有童話式的結局。

婚後我在一間蚊型公司上班，生活沒有壓力，感覺和丈夫過得挺愉快，安於我的人生大概會這樣度過。但幾年下來，丈夫開始在職場晉升、接觸的人和事多了，我們的世界越走越遠，或許我仍浸淫在童話中，傻癡癡的一如故我。直至他提出離婚，我才如夢初醒，我以為結婚就是終站，是個永恆不變的美滿結局。當一切不如我所想，我受到很大打擊。

由覺察到問題至離婚，歷時一年多，同一屋簷下如困獸之鬥。離婚的過程我沒有撕破臉皮，沒有糾纏，因為我心中有一個念頭：如果繼續拖拉下去，我們其中一個或會抑鬱到生 cancer，不如「放生」大家。我和平地把事情處理，但只是表面平靜，其實內心十分難受，最後決定接受心理輔導，也打開我接觸心靈範疇之門。

離婚使我重新審視自己，我發現大學畢業之後我便沒有再發展我的才能。我唸酒店管理，是學會的會長，受人注意、享受被人簇擁，追求者喜歡我或多或少也因為我的才能，但婚後我樂於當小女人，前夫卻一直進步。剛好，離婚後公司擴充，工作上有新的挑戰，我開始在行政和人力資源方面發展，認為自己很適合，因為我喜歡接觸人，和樂於助人的性格，這些也是過身的媽媽給我的影響和基因吧。但作為人力資源的管理層，我需要執行一些我不認同的任務，內心像是有份矛盾。直至老闆跟我說：「我請你回來不是做社工的」，我終於發現這並不適合我，我要轉行！

但轉甚麼才對，才適合自己？我當時已經三十多歲，但我積極尋找，在茫茫大海中不斷報班學東西，試了很多不同東西後在繪畫班找到真正的快樂，心中冒起「我下半生要同藝術在一起」的念頭。班中有一個輕度智障的成年人，他的夢想是成為漫畫家，他不斷報讀同一個課程，就是為了這個夢想。最叫我感動的，是他在那裏得到的快樂。就這樣，我萌起教一些能力有障礙的小朋友畫畫，帶給他們快樂，這就是我想做的事。

動了這個念頭，我開始安排如何把它實現，定下了兩年計劃，我在中大報讀藝術以提高自己的繪畫技巧，同時報讀兒童心理學。我在公司辭職後開始全職畫畫，寫部落格（當時剛剛流行），我到畫室的畫畫興趣班當義工偷師。我不知道我的路可以怎麼走，但我先不斷試，不問回報。終於有人在網上看到我的東西，請我私人教授，一切就這樣開始。我給自己定下一年時間，如果這個時間內無法生活，我便回去上班。九個月過去，我的生意來到一個樽頸位，我想過放棄。就在最後限期前，生意好轉，甚至達到應接不暇的地步。

收入不多，但很快樂，六年過去了。爸爸腦退化，照顧他年多後他離開了。突然我感到很空虛，記起曾經想用藝術做輔導，搜尋藝術治療發現只在外國有課程，但我不能負擔。我退而求其次，打算報讀輔導，在最後一刻再上網找一次藝術治療，竟然發現港大第一屆表達藝術治療碩士課程。當我知道被取錄的一刻，激動得落下淚來。

今天，成為一個表達藝術治療師，已經超出我的想像。我想說，人生好像一幅畫，你可以不斷改不斷。如果你感到空虛，無目標，或者懷才不遇，或許只是你未找到，未踏出第一步。我的人生格言是，「積極而不勉強，放下而不放棄」。

再生之恩典

肥車 ◆ 公關傳訊顧問

作為一個潮州妹兼大家姐，自幼已被灌輸兼訓練，要獨立懂事、以大局為重、為弟妹作個好榜樣、不可作自私的決定。大學畢業後一直發奮工作，希望好好報答媽媽。過去十多年來，一直努力攀上職業生涯的高峰、名利雙收，但同時生命又墮進最艱難的深淵。

二〇一四年，正當工作似乎達到了一個令人羨煞的階梯時，媽媽卻發現患上結腸癌，工作上未能取得上司的信任、出現瓶頸，一時之間工作與家庭帶來的精神壓力出現爆燈警號。但為了大局着想，不敢放棄高薪厚職，為要儲備足夠「彈藥」照顧家庭、好叫媽媽安心醫病。可惜，好景不常，媽媽二〇一七年離世，失去摯親，只剩下我們仨姊弟，頓時成為成人孤兒。沒有媽媽的日子，生活變得虛空、迷失，生命裏出現莫名的空洞感和無力感。

記得二〇一八年七月的某一天，新上司問我，「你有曾想過自己想怎樣走下去呢？」當時腦海一片空白，心裏特別難過，想不到自己活了數十載，竟不知自己喜歡甚麼、想怎樣活下去。此時，我不斷祈禱求問上帝，重複地問一個問題：「Who am I?」求祂啟示並指引我前路。就在媽媽離世一週年時，上帝透過綻放的花朵為我打開了奇妙的重生之旅。

《聖經》有道，「耶和華說：我知道我向你們所懷的意念是賜平安的意念，不是降災禍的意念，要叫你們末後有指望。」（耶利米書 29:11）

二〇一九年初，決定放棄一直很糾結的工作，踏上英倫花藝之旅。本來只想出走一下，但想起媽媽臨終前語重心長的囑咐，叫我好好為自己活下去，愛自己多一點，於是決心到英國倫敦花藝學校認真學習傳統西式花藝的基礎，當作對自己的投資。在為期四星期的密集式花藝創作和訓練中，除了每天長知識外，另一最大的得着是親身體會上帝創造的奇妙和創作的偉大能量！跟以往的工作大不同，西方花藝創作並沒有對錯、沒有殘酷的批判，更沒有指罵，因為每一個創作都是獨特的，這一切讓我重新認識自己、肯定自己、欣賞自己！

回港後，不忘英國的學習，努力投身於花藝創作並與朋友分享當中的喜悅，漸漸得到朋友們的欣賞，更開始有朋友找我訂製花束，實在叫人興奮莫名、感謝上帝的恩賜和帶領！

這個花藝旅程是一次最意想不到兼最大得着的重生之旅！回想起來，雖然付上了沉重代價，但慈愛的上帝用祂的方法和時間讓我重新站立起來；若果媽媽沒有離開，或許我根本沒有機會、或閒情逸致去接觸花藝。這次奇妙的旅程叫媽媽在天家也安慰，她的寶貝女兒帶着她的祝福可以好好活下去。

如果可以，我希望你能讀到……

子程 ◆ 自由創作人

而立之年，經過種種大大小小的改變，當下你以為自己不會習慣或接受那些改變，但物轉星移，你會明白這些改變才能成就今天的自己。雖道理易明，但還是會經歷那些難以振作與後悔的時刻。

我仍然不習慣，沒有了她的生活。

活了這些年，她一直都是我的支柱，同時是與我分享各種點滴的良師益友，她是我生活的重心。記得小學五年級時，我開始喜歡閱讀和寫作，她永遠都是我第一位讀者，並給予我重要的感想和意見。那時，我不敢將「我想寫小說」的目標說出口，因為怕完成不了而令自己和大家都失望，但由那時起，她已不時鼓勵我，說希望有一天能讀到我的小說。

關於夢想，我不像那些熱血勇往直前的人，時常將夢想掛在口邊，我希望能默默地做到有把握的程度時，才讓大家知道我正在做的事，所以，在我以為孤獨的寫作路上，常常都會想放棄、想停下來的念頭；而每每在我不知道自己究竟喜歡甚麼、想做甚麼的時候，她總會提起她想讀到我的小說這個心願，讓我感到有人支持，讓我知道我做的事是被期待着的。

選讀文科、大學選修寫作、工作選擇當記者，由摸索階段到認清自己與文字的關係，一直都有她在旁，一直都是她幫助我更了解自己。直到她臥病在床，還是提醒我一句：「想讀到你的小說。」那時我寫的文章也差不多足夠結集成書，所以終於在籌備出版事宜，我還寫了一篇以她為主角的故事，並一直絕口不提，希望能於實體書完成後，給她一個驚喜。

我希望能看到她翻動書頁，看到自己的名字出現於其中的喜悅和感動。

我希望看到她快樂的表情。

即使她的病情轉壞，我還是沒有將文章讀出來，我只說了書中會有特別給她的禮物，我天真的希望這會成為她堅持下去的動力，或許可以令她的時間能延長一點……

然而，她沒能等到。

我們永遠捉不緊、抓不住最後一刻的瞬間，旁人叮囑要有心理準備也是徒然，突如其來的措手不及是你怎樣也未能有充份的預備。當她的生命歸零，我覺得自己的生活亦恍如停頓，以前總覺得家中有人等着自己，即使在外時獨自一人都不覺孤獨；但現在即使處於熱鬧歡快的群眾中，仍然會感到孤獨無比；我不懂適應那些沒有她的日常，看到她的床鋪、她本在讀的書、她的眼鏡、她的書籤、她的字跡，她彷彿只是剛好離開了座位一樣，她還有甚麼是想做的呢？

如果當時，她能讀到我寫給她的文章；如果她能拿起我的小說翻閱；如果我當時沒有堅持慢待成熟，能早早出版她一直期待的一本書……她離開時的心態可會有所不同呢？

然而，我知道所謂的遺憾，其實都是生者為紀念逝者所寄予的情感，若她仍在的話，她一定會跟我說：「你已經有足以面對未來的能力，回憶就如河流般將我們連繫，能帶領你繼續往前行。」

我真係覺得
我做主持叻啲呢

強尼 ◆ 綜藝節目主持
演員

我是城大建造工程畢業的。

讀完書以後，順理成章在地盤當工程師，在這一行合理地發展自己的事業，再合理地遇上自己的愛情，然後就合理地結婚，再買樓，還開始計劃生孩子。

用平步青雲來形容我前半生的日子，我絕對不覺得尷尬，當時自以為已經可以見到一條很清晰的 career path，甚至是人生的道路，俗世中的幸運，大概就是這種。

但在同一行做了差不多八年之後，突然間有一天我開始問自己：真的就這樣下去嗎？

其實也說不上是突然間，應該要由我小時候講起……

我爸是做銀行的，他很喜歡踢足球，年青的時候踢過甲組，但男人娶了老婆就要穩定，所以最後他去做銀行，放棄自己的職業足球夢。

我小時候看電視劇，見到很多對白都有「子承父業」這四個字，我以為每個人都是這樣，那時候我很白癡跟老豆說我不想做銀行，叫他將來不要把位置傳給我。

我很小已經想，長大一定要做一些有趣一點的行業，例如廣告呀之類的創意工業。

偏偏畢業後，我順理成章去做建築，再順理成章走進傳統每個人都覺得嚮往的所謂「計劃」之中。

有一天，我在看球賽的時候，有線球彩台的主持說他們公開招募主持，還叫人寫信去應徵。

我考慮了大概兩秒，當晚我就寫了信，還叫老婆第二天幫我寄出去。

當時沒想過真的會被選中，怎料有線電視竟然叫我去面試，家人當時沒太大反應，我也是平常心去了面試，但過程裏，內心竟然閃過一刻的波瀾起伏，我感覺到自己為這個決定而開心。

後來經過兩次面試，我成功進入有線電視，二〇〇五年初我開始兼職講波。

沒多久我發現，我不經不覺走進了一個我一直嚮往的地方。

不過嚮往歸嚮往，在隔行如隔山的情況下，我一日做兩份工作，白天回地盤晚上再講波，無論在事業或興趣，哪一方面我都不能夠專心發展。

幾個月後我決定放手一博，放棄自己本來的人生藍圖，全職做一次足球主持。

不過另．個問題很快就出現。當時主持人的收入根本無法供樓，於是我索性把樓賣了，把賣樓賺到的差價用作維持自己那段時候的生活。

我算是一個不理性中又有一點理性的人，始終都認為要對家庭負責，所以我定下三年目標：如果三年後做足球主持可以賺到我做建築離職時薪金的七成，我就繼續做。不然，就疊埋心水返去做建築，頂多再從低做起。

其他人覺得我很「勇」，但其實我是為了人生有更好的前景、更大的可能性。

那時候三十出頭還算年輕，要搏要衝是最好的時間，再過幾年就更難去博。而且當時想法很天真，覺得一切都是一條向上的直線，只會越來越好。

三年之後我跟電視台簽一份新約，薪金剛好達到我當初定下的目標，給我繼續做下去提供了很好的理由。

往後的六七年在有線電視的工作很穩定也算順利，可以叫平穩，但亦可以叫瓶頸。

人生需要起伏，然後才有進步。

到二〇一六年，因為電視台轉型問題，工作開始減少，收入大減之下，我又面對同一個老問題：生活。

當時已經當了爸爸的我，必須面對現實的情況下，重返建築維持生計。

可能自由太久，我思想上有很大掙扎，我知道我真心喜歡演藝行業，我亦好肯定自己做主持會叻過做工程。

亦因為這個想法，我知道我不可以在有線電視浪費自己的時間，我要為自己另覓出路。

那是我事業的低位，感覺到就連老婆都帶着徬徨過日子，我年紀也開始大，我知道不可以再用十年前入電視行時放手一博的心態，我要為自己和家人做一個最好的決定。

從小到大，我也很順利，因為有點小聰明，讀書讀最叻那班、歌唱比賽拿第一、踢波又是校隊成員，樣樣都看似中上。

三十歲前，小聰明可以讓我看起來比人走快一步，在地盤頭幾年升職升得很快。但在電視做了十年之後，你開始發現自己不是最賺錢或者一線的主持，如果年紀輕還可以推卸時不與我又或者其他人運氣好，但人到中年就會問一句：是不是對自己審視錯了，自以為中上的資質是否只能夠帶我走到這個位置呢？

世事並不是自己想像那麼簡單，那條路可以一直向上不斷發展？我是否應該面對現實，認識清楚自己：其實我並不叻。

人生中，第一次因爲生活，承認自己或者不如自己想像中的優秀。鬱悶和不開心了一段短時間，我好快調節心態和想法，覺得不優秀不要緊，難道做主持做不到嘟姐那樣就要死了算嗎？

考不到第一考二十，很大問題嗎？我需要學習接受自己是考二十的現實。

我知道我仍然想做演藝行業，明顯決心大了、方向亦明確了。我發覺當時最多人記得我做過的節目是有線的《空間大改造》，但那個已經是七年前的節目，就是說我之後七年的工作沒再令人留有印象。

所以當我還有這一丁點剩餘價值的時候我要把握時機，我再一次放棄穩定，離開願意提供新合約給我的有線電視，成為一位自由身，一條中佬衝向茫茫演藝大海，放手一博！

成為自由身後第一個工作就是在 ViU TV 的真人騷《對不起標籤你》當個素人，崗位不同了，我發現自己眼光反而潤了，心境平和同時也更謙厚。

因為這個選擇，幸運地在一個新的領域之中，用了三年又走出一條新的路，這一刻的我是 ViU TV 旗下藝人，是一個綜藝節目主持，同時我也是一個演員。

如果我不是遇到生命中的起伏，我不會回望，令我在四十歲時事業上還可以有新的發展，我不敢說是最好，但肯定符合當初自己走出舊有「人生藍圖」的初衷。

多了動力接觸新的事物，對自己有要求，不可以被輕易淘汰，這樣才不枉當初支持自己走這條路的人。

不順利的時候更應該丟開所有東西，才有機會重生。起伏起伏，高高低低，永遠都是大浪淘沙，有志竟成。

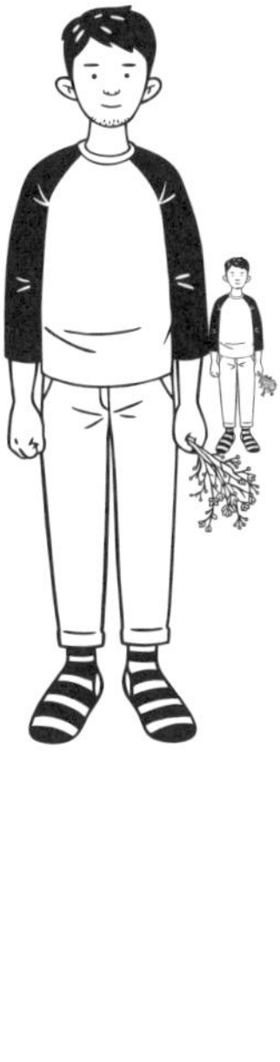

山竹來了

Ronnie ◆ 樹藝師

我這幾年工作上的改變頗有趣，希望跟大家分享一下。

我本來是從事 visual merchandiser 工作上的，主要負責於改善公司形象。從公司的 logo 到店面陳列的觀感都是我工作的範圍，為公司建立形象。可能因為我有一雙挑剔的眼睛，我對美有一種執着，我熱愛我的工作。

我可以說是個工作狂，除了正職還有自己的公司，最高峰試過一星期只睡十一個小時，日夜顛倒之外甚至經常忘記進食，奇怪的是我不會覺得十分疲累。但行業的轉變，我不能再找只有香港市場的工作，在跨國公司負責國際或後來的亞太地區，使我要經常出差。再後來，只需要跟着公司總部定下的規範去工作等等，我知道我需要轉行。

其實我花了很多時間去探索可以轉甚麼行業。我一直以來都喜歡自己的工作，做我喜歡的事情，所以我便從這方面着手。除了設計，另一樣我喜歡的東西就是吃。我本來跟朋友商量做甜品店，以有藝術感的設計做招徠，但因為要經常試食，而我已經有點胖，覺得對身體不好……然後我想到，我很喜歡大自然，特別是樹木和大自然，然後山竹來了……

當我開始尋找樹藝師這個行業，我發覺原來香港並沒有這個專業。雖然坊間有些課程，但導師在教書的過程不斷潑冷水，老實說使我有點卻步。但二〇一八年九月颱風山竹襲港，整個城市被塌樹癱瘓，滿目瘡痍。我知道這個慘況是可以避免的，我希望下次再有颱風，大樹都不用胡亂倒下，我就是懷着這個熱情決定要當一個樹藝師。

別人用三年實習取得的資格，我用兩年，因為我有經濟負擔，我需要盡快取得專業資格，薪金才可以提升。頭數年的工資低得不可想像，所以只有那些有奇怪執着、想優化城市中的樹木的人才會想多做一點。雖然政府早年成立樹木辦，但它只能給評語，沒有執行力，而執行的很多時只是胡亂斬樹而不是前期保護。我卻希望讓樹木更健康，把城市林務標準帶進香港。別小看當樹藝師工作的危險性，會被黃蜂刺被蛇咬、又會中暑甚至跌傷手腳。工作閒聊間，我也跟其他年輕人講，做地盤比上山更安全。

自從轉行之後，我的生活有很大改變。除了因為收入大幅減少，使我衣食住行都變得簡約，但得來的卻不少，令我可以有更多時間陪伴家人。幾年前，我媽媽去世頗為突然，回想以前跟她的相處點滴，我發覺自己給她的時間太少，只顧着工作。她的離開使我明白，以前生活為搵錢，食得好穿得好，只有花錢的一刻開心，但心靈上確有空虛的感覺。當一個樹藝師，雖然搵的錢不多，但工作時間比以前穩定，陪家人時間多了很多，能令我好好享受家庭生活。而且，在山上被微風吹拂、和大自然一起的平靜是任何東西都不可以給我的，這是最舒服最開心的時刻。

為客户賣命的日子

Joe Hung ◆ 公關人
中文大學及香港大學專業進修學院兼任講師

有沒有想過，一個初入職場的年輕人，可以因為一番話當上工作奴；然後二十年過後，又突然會一覺醒來，下定決心追逐人生更大的理想，不再為工作賣命？

印象中，當第一位老闆跟我分享他的「工作哲理」的時候，我才上班未滿一週。我還記得當時聽到的其中一句話是「成就要用自己的時間換取」。這番「肺腑之言」對本來資質平平的我來說，簡直就是引領我向未知的將來進發的金石良言。在那段日子，我開始習慣要為工作無限量付出的模式：為了完成任務，我知道我應該要廢寢忘餐，老闆要求的話可以隨時加班，日常都會工作至深夜，甚至可以一個人獨自完成全組人的工作。這個工作心態對於當時年輕的我來說變成了理所當然，也讓我的事業慢慢起步。

後來的十年我跳進更大的舞台，成功躋身多間首屈一指的跨國公關代理公司工作。恰巧這個行業標榜「為客戶賣命」，我的工作特質更讓我的個人事業發展得更快。不知不覺間，我跌入了職場無止境的掙扎，在身心俱疲的境況下等待下個事業高峰，以一關又一關的晉升去證明自己的價值。

這個狀態下，我知道自己犧牲了陪伴家人和朋友的時間，我知道連自己身體和心靈的健康也押上，只是我還是認定這個就是我的常態，我當時還以為自己十分享受以勞力換取的成就，也懶理有沒有其他出路。直到後來遇上另一位心腸比較歹毒的老闆。當我拼命為公司發展業務，公司團隊日漸壯大之際，老闆竟然下命令要我以「莫須有」的罪名辭退一位好員工。我忽然自問：「經過二十年的追逐，你有沒有爭取到一點可以屬於自己的東西？」當時的心靈震撼讓我決意作出改變。

我領略到個人生命的目標很重要，重新調整生活的重心，將家人、健康和發展個人興趣放在首位。我轉換了一份可以容許自己分配到更多時間的工作，為自己覺得值得支持的公司効力。在這段時間我同時開始在自己畢業的大學兼任教席，亦意外發現原來自己十分喜歡傳授知識的工作。我知道，我現在得到的快樂將會給予我一些真正恆久的成果。

峰巔人生——珠峰夢

吳俊霆

物理治療師
攀山家
越野賽運動員
香港十大傑出青年
傑出理大校友
香港傑出義工

我死守在南極最高峰的攻頂營四日了，營帳外狂風大作，如千軍萬馬奔騰而來，我整夜用身體頂住搖晃得隨時離地飛起的營帳，南極氣象站傳來噩耗，彙報今天的暴風達時速九十四公里，體感溫度跌至零下六十五度！這是我一生中遇過最恐怖的低溫！難怪保暖衣物像突然失效，因為那已超出世上所有攀山裝備保暖指數的下限！在這樣的環境下只要暴露於營帳外幾分鐘，人是必死無疑。

頃刻間，時間好像停頓下來。我腦裏的疑問不斷重複着，我的營帳會否突然裂成兩半，令我消失於酷寒的風雪中？既然已經成功攀上了差點取我性命的珠峰，為何又要將自己的生命重新放在賭桌上？是為了延續夢想，還是，為了通過一次又一次的探索世界來認識真我？是的，我每次都帶着壯志豪情地出發，每次又在遇到險境時猶豫、動搖、懷疑自己，但深刻的自省，令我在反思中得到積極生存的答案和繼續挑戰人生的力量。思緒慢慢拼湊出從前我「珠峰夢」計劃的畫面……

二〇一七年，我帶領兩位器官移植的病人去到珠峰基地營，用行動證明很多從垂死邊緣康復過來的病人，也可勇敢地去活出美麗的一生。之後我再在珠峰山區逗留了差不多兩個月，每天穿着同一套衣物，吃着同一樣的乾糧，望着同一個營頂。營帳外狂風呼嘯，如驚濤駭浪；我百無聊賴地凝望着營帳外的一切，只剩下黑與白，就像油墨耗盡的打印紙。在白茫茫的雪地裏，僅可看到小小的黑點。

等了三十七日，望穿秋水，終於在風雪中透出數條耶穌光。陽光能溫暖大地，更能暖透人心；這種洗滌心靈的感覺，令我又再鼓起勇氣振作起來，終於在凌晨出發向珠峰攻頂了！接下來的六天，雪巴嚮導 Phurba 和 Karma 是我攻頂時同一繩組的同伴，三人的生命就是用繩索連結在一起。我們日復一日穿越冰壁，在缺氧得近乎昏厥的情形之下，上攀往海拔高達七千九百五十米的 Camp 4，我背上十多公斤的裝備，期間越過黃帶（Yellow Band）。這個滿佈碎石的險坡是死亡地帶，從這往上走可以看到沿途有超過二百具冰封了的屍體。

我們於下午一時抵達珠峰位於南坳的 Camp 4，希望短暫休息數小時後便攻頂。但此時嚮導 Karma 身體不適，我見狀也擔心起來，輾轉反側不能入眠。在接下來的一天恐怕要連續三十六小時不能睡覺了。我還是抖擻精神，一早穿上裝備，等待隨時出發。天氣預報晚上八時風勢會減弱，但強風雷霆萬鈞，從四方八面撲面而來，好像永不止息。晚上九時，風勢越來越大，大家所攜帶的氧氣和物資僅夠留守在 Camp 4 一

我用了二十年的時間，學習科學知識、攀山技巧、求生技術及利用物理治療的知識去作一連串嚴格的體能訓練。

Phurba 帶我離開有安全繩的雪脊。在沒有安全繩索的保護下，我倆用繩組連結在一起，相依為命中向上攀登。

兩天和攻頂一次，如果現在撤退就代表要失敗而回。在這高度空氣稀薄得只有水平面上的三分之一，歷史上也沒有人可以在缺氧的情況下逗留在八千多米以上超過四十八小時。這對 Phurba 來說真是一個進退兩難的決定⋯⋯ 考量了眾多因素，晚上十時 Phurba 下令，一切按照原定計劃正式出發！

後來才知道，在我們出發後一個小時，天氣預報公司發出多年來首次的緊急修正，說之前建議的攻頂時間的計算出現了嚴重偏差，天氣會急劇轉壞，奪人性命，建議立即終止攻頂！但出發了的攀山隊又怎能收到這個消息⋯⋯ 一湧而上來自不同國家的百多位攀山者唯有硬頂着時速超過五十公里的暴風雪、體感溫度低至攝氏零下五十度的人間煉獄，冀望下一刻天氣就會轉好，好讓大家堅持到底。

在這超高海拔、超低氧含量的環境中，我感到心肺撕裂得痛苦，喘氣的程度令人擔心下一秒就會窒息而死，意識模糊得令我好像感覺到自己的腦細胞正一步步的邁向死亡，手腳冰冷得令我擔心下一刻便會失去四肢⋯⋯ 在這極艱難的暴風雪中，我唯一能做的就是低着頭避開撲面猶如刀割般的風雪，望住雙腿，望住自己的冰斧，一步一步踏出去，踏出向將來的一步步，只期望能看到廿年前我在太空館天象廳看到的

《Everest》的峰頂景象，一圓我廿年來的夢……

戴着氧氣罩，呼出的氣凝結成冰塊，說話溝通極其不便。還未到海拔八千一百米，Karma 忽然拔掉氧氣罩掙扎，原來他開始又暈又嘔，明顯是患上了高山症。在暴風雪中我們只能勉強用手勢溝通，他雖然堅持繼續上攀，最終還是被我勸退了。只剩下我和 Phurba 繼續上路。但這兩個星期的壞天氣累積了太多攀山者擠在同一日攻頂，成為我最難預計的危機「珠峰大塞車」！我和 Phurba 奮戰兩小時後，開始追上那些晚上六時已經出發的攀山者，有的已被風雪蹂躪得如喪屍般緩緩向下撤，有的已力竭癱軟在雪脊上動彈不得而拒絕讓路，後邊被擋住的人唯有站着等待。但因為一停步就會寒意入骨，我脫下手套拍攝還不到一分鐘，手指已發黑到毫無知覺。人龍已有十多分鐘沒有動，我由充滿拼勁變得憂心忡忡，原本暖和的身體也開始瑟瑟發抖。

當我攀到海拔八千四百米高的 Balcony 時又再遇到嚴重的堵塞，原來……有個攀山者剛剛死在雪脊上，他身上的攀山扣仍緊扣在安全繩上，令他不至倒地而跪在雪堆中，但他死前梗塞，口中噴出的血水已凝結成冰把他的臉封住，死狀十分恐怖……在死亡地帶生命原來可以這樣脆弱，Everest no mercy……

越接近頂峰，風雪越肆無忌憚，前路堵塞的情況越見嚴重，我再站着不動的話，身體根本無法回暖。Phurba 遂帶我離開有安全繩的雪脊。在沒有安全繩索的保護下，我倆用繩組連結在一起，相依為命中向上攀登。在漆黑中只見到我們二人的燈火轉向左邊雪脊。我的頭燈在陣風撒下來的雪簾中只照到眼前幾公尺的範圍，被冰雪凝固了的雪鏡也阻礙我的視線，我唯有脫下雪鏡，盡量用衣物遮住雙眼，在衣物夾縫中看着自己的雙腳繼續往上攀，以免因模糊看不清前路而失足墮崖。

東邊的天際開始亮了，我眼前的景物卻非常模糊，我以為是沿途一直被大風雪吹打，冰雪黏在眼眉上或是雪鏡再次結冰，所以不以為意。珠峰頂已近在咫尺，我拼盡全力向前衝，最後一步了！我在晨光初露的五時五十九分，成功攀上海拔八千八百四十八米高的世界最高點珠穆朗瑪峰峰頂！

我立刻想找出相機拍下這珍貴的一刻，但卻發現看不見自己的手，也看不見背囊，我請求 Phurba 幫我掏出雪鏡給我更換。但換過後備雪鏡都無補於事。隨着天亮，我開始發覺自己的右眼只能看到一片白色，而左眼只能看到全無景深和輪廓的模糊色彩，這一刻終於意識到，原來我被暴風雪傷及雙眼失明了！我居然在極兇險的世界最高點失明了……沒料到在圓夢的瞬間，我竟然看不見這輩子最盼望的珠峰日出！而上天更給了我一個極大的考驗，我要如何下山？從以往的新聞報道裏知道近乎所有在世界之巔出現雪盲或失明的人，都無法活着從珠峰下來。

Phurba得知我雙目失明，大為震驚，為了保住性命，我們不敢怠慢，Phurba用繩索連繫着我，緩緩前進向山下撤退，幾盡艱辛終於勉強回到希拉里台楷，心急湧上來登頂的攀山者並沒有給我讓路，我呆等了十多分鐘，身體在嚴寒中不停發抖，像很快會失溫而死。Phurba立即命我不能再禮讓，要拼命抓着攀上來的人的背囊、手腳向下攀，總之我能抓住甚麼，就用甚麼，只要不停下來……

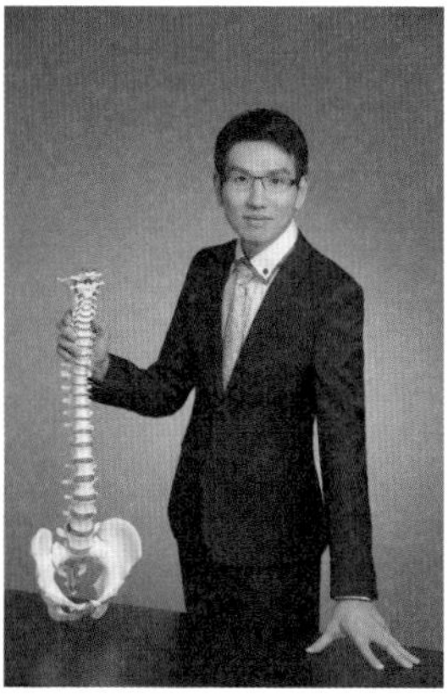

我在繁忙的事業、教學、競賽和攀山夢中取得平衡，並創辦本港少有極具規模的物理治療中心，每天仍致力診症和繼續建立不同專科的治療團隊。

我即使已經小心翼翼、試探地踏出每一步，也難免滑倒，有幾回差點跌落懸崖峭壁，全靠 Phurba 用繩索拉住我，才免於雙雙跌落崖底。我就這樣跌跌撞撞，連摸帶爬的繼續着下山的路，跌倒超過百次，爬起來又繼續，渾身已經不知道甚麼是痛了，心裏只祈禱着盡快下山，脫離危險。下到海拔八千二百米，距離 Camp 4 還有二百多米時，氧氣用光了……

我倆虛弱得連站立也困難。我終於知道考驗之後還有考驗。此時我腦海中浮現出一張張熟悉的面孔，他們都熱切的盼望着我回去，我不要看到他們為我流淚；我要活着回去，兌現給他們的承諾。此刻我心裏只有一個信念——回家。我要用盡一身的力氣，無論如何也要攀下去。筋疲力盡的我抓着安全繩，直接、毫無保留地滑墮下去……最後，在經歷了十個小時不停歇的跌倒、爬起、再跌倒、再爬起，戰勝了撕心裂肺的缺氧、痛楚、恐懼，在全身筋骨都撞傷，痛到幾乎沒有知覺的情況下，終於爬回 Camp 4 了……

將軍百戰死，壯士十年歸。

下山後，得知我攻頂的那個晚上，因為天氣惡劣，有四人不幸遇難，也有幾個人傷了眼睛，需要撤退不能登頂。

人渴望追求夢想的過程其實是充滿矛盾，攀八千米世界高峰並不是一氣呵成、樂在其中的過程，反而是連續多天、人生中最艱苦的一役。但攀山就是這樣，其實生活、人生也是如此，很多人畢其一生的精力也未必實現夢想。但生活、人生再難駕馭、再難翻越，並不代表我不喜愛充滿考驗、永遠掌握不住的、變幻莫測的人生。

然而，高峰過後，你要走下來的不一定是低谷。我於二〇一八年成功登上南極洲最高峰文森峰和北美洲最高的峰迪那利峰，最終成為第二位能夠完成世界七大洲八大頂峰的香港攀山家。廿多年我仍繼續到過四十多個國家或地區挑戰極限比賽或攀登世界高峰……

人生就像激流，不遇上暗礁，就難以激起美麗的浪花。

兒時，從來沒想像過運動二字能和我的人生扯上關係。那些年，正如一般七十後過着樸實的生活，居住過環境差劣的寮屋，後來搬上令人期待以久的公屋。除了幫補家計、照顧妹妹，就只會流連在圖書館做個弱不禁風的書蟲。我活像是你身邊一位從不起眼、平實不過的舊同學。

比賽逾廿載，曾贏得本地和海外二百多個不同的比賽獎項，這些實戰經驗也令我更了解創傷、復康和行醫需具備的仁心。

那時，唯一的娛樂就是偷偷在放學後爬上家後的丫髻山，這座我人生第一座攀的山只高一百二十一米。從山頂可看到元朗一帶井井有條的水田，並伴有靈渡山的斜陽，那動人的景致令人心曠神怡，從此我就愛上了大自然。

中學時期，因為到醫院當義工，認識到物理治療和復康醫療是這麼令人鼓舞的一回事，也順理成章，成為了我的終生職業。我嘗試運用書本中的治療和運動科學理論去訓練自己，也許年輕就是一場沒心沒肺的瘋狂，就這樣開展了我廿多年鍾情山水、忘情比賽的時光。一九九七年是我人生的轉捩點，因為那年我跑了人生第一個一百公里，也因為我在太空館天象廳看了介紹珠穆朗瑪峰的電影。不知為甚麼，這部電影在我腦海中久久揮之不去，我挑戰世界高峰的夢想大概就是從這時起在我心裏埋下了種子。

我在參加越野賽的同時，也花了多年時間去鑽研定向技術、山藝、攀岩、運動攀登、抱石、溯澗、沿繩下降技術和繩索系統。但早年我只是一個初出茅廬的物理治療畢業生，經濟條件並不富裕。為了省錢，絕少到外地比賽、旅遊，更不用說離港到會下雪的地方去學習冰攀和雪攀。但要成為一個攀山家，除了要體能、技術、經驗之外，時間和金錢缺一不可。爬一座八千米級的山峰需要離開工作崗位兩個月，而且攀珠峰動輒要花費五十萬元以上，對我來說，當年這真是遙不可及的幻想……

創業不是我的夢想，但因為要追夢，要圓夢，所以必須創業。

我先定下一個個小的目標，然後默默付出努力，逐一去實現。過了很多年刻苦的日子後，儲夠創業資金，我在二〇〇六年開辦了自己的首間物理治療中心，原本想用三年時間讓診所上軌道，建立好事業和資金來源。這樣，我才能無牽掛地去攀高山，然而，遇上創業的困難、多次身體嚴重受傷、業主加租、人事變動、流逝的愛情、家人患重病、攀山計劃的波折…… 在曲折的人生路上很多次很多次都跌得很痛。

很多朋友知道我每天只睡幾小時，但未必能理解到是甚麼驅使我一直燃燒生命，將工作、進修、比賽、教學、當義工填滿了我人生的每分每秒。當然不能說過去的歲月沒有動搖和遺憾，但既然選擇了奮鬥，就沒有應該不應該。年輕時都只能不問前路，砥礪前行。如果人生可以重來，我仍會選擇這樣迎難而上的十年、二十年、三十年的發奮歲月。

【第二章】

幻想篇

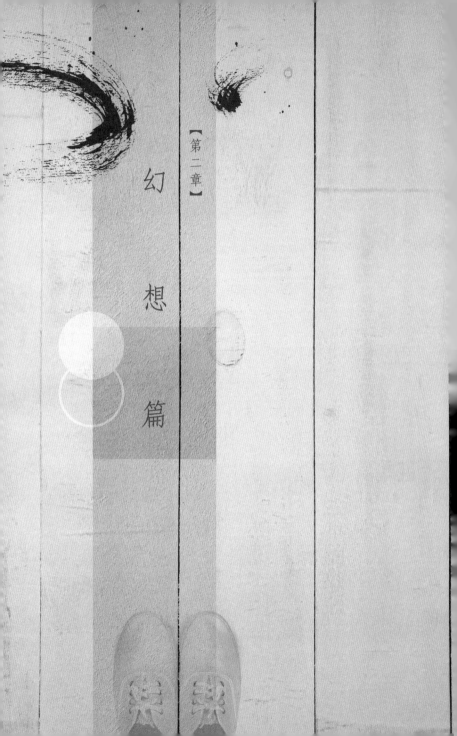

放肆人生

金水 ◆ 創作人

跟很多男生不同，自小不特別着迷超級英雄Super Heroes。蝙蝠俠、超人、美國隊長等電影我幾乎沒有看過！

對於擁有超越常人能力，並以此能力拯救世界甚至宇宙沒有丁點興趣。因為我相信如果任何人擁有可改變世界的能力，一定會因為私心而做出自私的行為。太烏托邦的幻想不適合我！

可能有人感應到某小部份人如我的想法，終於有「Badass Heroes」出現。而當中我最喜歡的是——死侍Deadpool。

擁有過人能力，卻抵死賤格幽默風趣，我覺得比較人性化，亦較有趣味性。如果可以有二次人生，我希望能夠能成為Deadpool的人物，玩世不恭，以整蠱別人為日常。而且擁有的能力足以令人「吹我唔脹」。只是想都令人興奮！

我會做三件事情：

① 把所有可惡的人集合起來，舉辦一次卑鄙大會，迫令他們鬥卑鄙。由於所有惡人都逃不過我的掌心，他們必須乖乖聽令才有活命的機會。卑鄙大會全程網上直播，讓世界大開眼界，欣賞卑鄙無極限之餘，更可見證一眾惡人鈎心鬥角，互相殘殺！

②除了惡人，世上還有一大堆偽君子，口口聲聲仁義道德。雖然他們並非真的會作惡，但假惺惺的人令我十分憎厭。每次有人裝正義地教訓別人時，我定必把他們抓住，然後迫令他去做違背他嘴裏說出的「大道理」。例如，有人批評別人應該讓座與老人家，就強迫他去搶走老人家的座位。除了好玩，誰叫他多管閒事？

③我會偷偷出現在所有超級英雄電影，但不會成為這些超級英雄的死對頭。因為做醜角其實相當沒趣，他們的存在只為了要襯托英雄們的偉大！那到底為甚麼要出現於這些電影，而且還要「偷偷」出現？

就是希望為悶到起雞皮的超級英雄電影加點趣味。我會暗中破壞他們的計劃，正邪兩方都會因為我這個「不穩定因素」而出糗、失敗。當他們發現的時候，已經太遲了。

世界真的太沒趣，而我相信樂趣並非來自給予別人快樂，而是帶給別人煩惱。Ha Ha Ha……

二次人生：金水

→ 跟很多男生不同，自小不特別喜歡超級英雄 Super Heroes。蝙蝠俠、超人、美國隊長等電影我幾乎沒有看過！

→ 對於擁有超越常人能力，並以此能力拯救世界甚至宇宙沒有興趣。因為我相信如果任何人擁有可改變世界的能力，一定會因為私心而做出自私的行為。太烏托邦的幻想不適合我！

直到有人顛覆了某小部份人如我的想法，終於有「Badass Heroes」出現，而當中我最喜歡的是——

Deadpool。

擁有過人能力，卻極度賤格的……我覺得比較人性化，亦較……味些。

→ 如果可以有二次人生，我希望……的成為如 Deadpool 的人物……不太……以整蠱別人為日常……擁有的能力足以令人「吹……只是想想都令人興奮！

→ 我會做三件事情：

① 把所有可惡的人集合……辦一次黑節大會，迫令……黑節，由於所有惡人都……他們必須……

我十分憎厭……教訓別人時，我……然後迫令他去做違……出的「大道理」，例如……人應該讓座與老……他去搶走老人家……除了好玩，誰叫……

③ 我會偷偷出……雄電影，……級英雄的死對頭，因為做配角其實相當沒趣，他們的存在只為了要襯托英雄們的偉大，那到底為甚麼要出現於這些電影，而且還要「偷偷」出現？就是希望為悶到起雞皮的超級英雄電影加點趣味，我會暗中破壞他們的計劃，正邪兩方都會因為我這個「不穩定因素」而出糗、失敗，當他們發現的時候，已經太遲了。

→ 世界真的太沒趣，而我相信樂趣並非來自給予別人快樂，而是帶給別人煩惱。HaHaHa…

That's Life

黃曉帆

◆ 廣告人

寫作人

在熱燙的沙灘上，有一隻青蛙，和我。

牠望着我，所以我就望着牠。

青蛙點點頭，舌頭舔了一下眼睛，忽然開口說：「嗨！」

啊？是隻他媽的會說話的青蛙，嚇我一跳。

「有時間嗎？聊一下？」青蛙問得單刀直入。反正是第一次遇見會說話的青蛙，我也樂意應酬。

「時間？人的一生有幾十年，我大概就有這麼多時間。」我刻意說得故弄玄虛，扮有深度。

「黃先生，我是你專欄的讀者。」一隻青蛙是我的讀者？我他媽的再嚇了一跳。

「噢……青先生……你好……」我一時語塞，而其實那個每週專欄已經被劏走了好幾年。

「先自我介紹，我姓范，其實是一隻樹蛙，來自法國的，我記得你幾年前寫過一篇有關 Second Life 的文章，所以想請教一下。」

牠記性很好，當年我確實在自己的專欄寫了一篇這樣的文章，前幾段是這樣的：

如果人一生可以活兩次，你說有多好！

我們在世匆匆幾十年，其實沒有活出幾多個花樣。所謂三歲定八十，唯一的變數只存在於零歲至兩歲十一個月這段時間。之後，你已經是你，有自己一套的系統執行程式，Mac 就是 Mac，PC 就是 PC。

今日，科技發展雖然可以隨時令 Mac 變 PC，但人要瞬間精神分裂其實談何容易，尤其年紀越大，越想活在所謂的 Comfort Zone 之中，自己為自己畫個圈，才懂得找尋生存的位置。當升了上一個不錯的崗位，對行業開始瞭如指掌，收入不錯，工作穩定，今天過得不比昨天差，其實你的一生就已經完結了。

假如你由船務經理再做到船務總經理算不算是人生上的突破？入職時是普通警員，退休時是沙展算不算達到了人生的高峰？人生大部份時間是在重複以往的人生，入對了行，鎖定了伴侶，可是又發不了達，生命該如何發展下去呢？

我赤條條的只穿着一條泳褲，躺在沙灘上，對着一隻自稱是我讀者的青蛙，好像沒有其他事比這個狀態更荒唐。

「我是一隻樹蛙，我再重複一次。」牠的眼珠反了上去，舌頭舔了一下。

「上一段只是在複述一些背景給這本書的讀者，不是跟你說話，為甚麼你知道我叫你做青蛙？」然後我留留意到牠的眼珠，好像被卡住還是甚麼的，反不下來。

「我說過，我是你的讀者，你寫的所有文字，我都有看。」然後眼珠終於反下來了。

「譬如你又寫過一篇〈今年不是那些年〉，你記得嗎？」范樹蛙接着說。（今次我小心翼翼地直呼牠的全名。）

范樹蛙盯着我，點一點頭，然後視線轉到遠方的雲端，若有所思似的。

牠硬擺着這個姿勢不動，我意識到牠在回憶，回憶我在好幾年年前寫過的這篇……

那些年越來越變成一個令人討厭的概念，因為若非有感於現狀寸步難進，我們都不用懷緬那些年，無論你幾多歲，一啟動了那些年的程式，就等如活在過去，跟公園長櫈上的老伯伯一樣，只有想當年。

成長要面對現實，不等如要放棄夢想，少年輕狂假如就是你一生中最美好的時光，那你一生其實就完了。十八年後，不幸證實當年夢想只是美夢一場，縱使心有不甘，也得承認自己成不了一條好漢，尤其是當the city is dying，一切夢想只會被經濟與建制湮滅，人看不見前面有路，但卻被無形的力量推着走，這樣又過了一年，又或者，如是者又再過幾十年，直至真的要坐在公園長櫈上想當年。

這個城市的人，很多都只懂得陶醉在過去的黃金時代，對未來卻毫無方向，你步入社會，夢想也會連隨步入死亡，活在天與地之間，多少人能做到頂天立地？還是生於世上無目的被鞭撻？我們當中有多少人，真的有膽量搖滾一下自己乏味的人生？

「范先生，我只是來曬太陽？為甚麼你要我不斷用自己寫的文字反思自己的人生？」我提高了聲線，把這隻樹蛙從那些年帶返今天。

接着再補充說：「其實……有誰能避得過中年危機？」

說罷我差點想哭。

「So99y，我以為你幾年前就已經發表過幾篇這樣的文章，自己一定有個不錯的二次人生。」范樹蛙的安慰，反而刺中我多一下。

「對不起，刺中了你。」范樹蛙補充說。（牠又在偷看我上一段寫的文字。）

「沒事的，沒事的。那你呢，范先生，你有沒有二次人生？」我把這個話題落閘反彈。

「已經是了。」范樹蛙說。

「甚麼意思？」我問。

「我本身其實是個王子。」范樹蛙說。

「青蛙王子?!」我的門牙也差點飛噴出來。

「是樹蛙王子。我做了半生王子，現在又做了半生樹蛙，就是在思考，究竟要換多少次身份，才能滿足人生？」今次，到范樹蛙說完想哭。

「我們活在大城市，或許都患有『現狀不滿症候群』。」說到這裏，我和范樹蛙似乎開始交心。

「所以，作為你的讀者，我想問你意見。」范樹蛙盯着我，舌頭沒有舔眼睛了。

我想了想，其實有甚麼好說？人的一生不過幾十年，人生這東西，大概就是時間管理。

大家四目交投了一會兒，我想我還是要說點甚麼的。「范先生，你來自法國，一定懂得這句法文吧。」

「今晚打老虎？」范樹蛙搶答。

「C'est la vie。」我說。

白日夢

倪子淇◆小四學生

從前，有一個十分渾噩的人，她常常發白日夢……

1

有一天，她在夢中看見一個比她更渾噩的番薯邀請她參加渾噩比賽。

2

番薯先生一邊說一邊吃，直至……
Chips
Chips
Chips
Chips
Chips

3

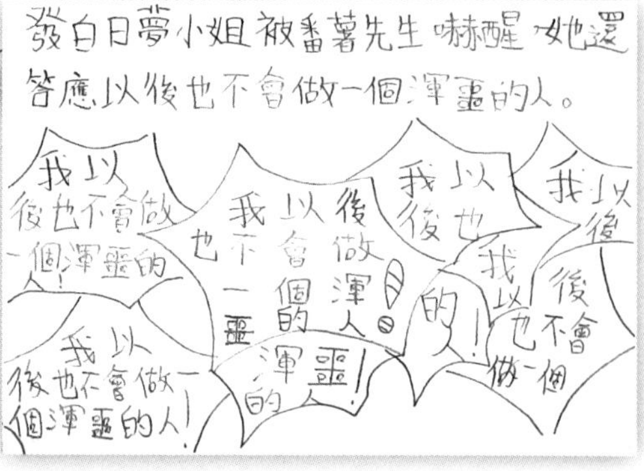
發白日夢小姐被番薯先生嚇醒，她還答應以後也不會做一個渾噩的人。
我以後也不會做一個渾噩的人!
我以後也不會做一個渾噩的人!
我以後也
我以後
我以後也不會做一個渾噩的人!
我以後也不會做一個渾噩的人!
我以後也不會做一個

4

3331計劃

吳麗霞 ◆ 小學校長

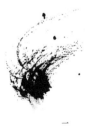

"Life is like riding a bicycle. To keep your balance, you must keep moving." —— By Albert Einstein

我最喜歡跟學生分享一些名言雋語，上述一段是我曾在一次開學禮上與學生所分享的。當中比喻人生好像騎腳踏車一樣，「今天」必須積極向前邁進，「昨天」就像騎腳踏車前進時經過的風景般，過去了，「明天」仍有更美的風景、更奇妙的事等着我們。「思考人生」這個課題，有時會令人感到不着邊際，以至無法把握。面對人生，自問我是一個從小便能訂定人生目標、為自己構想未來藍圖的人。從小，我已立志成為老師、長大後追求終生學習、建立家庭……但，我的人生有遺憾嗎？如果有第二次人生，我要改變原初訂下的計劃嗎？

如果有第二次人生，我一定會更珍惜光陰，實踐「3331 計劃」。甚麼是「3331 計劃」？就是我會妥善平分人生時間，我會用三成人生的時間去努力學習和工作、預留三成時間來善待親人、再用三成時間給自己去歷煉、探索；最後一成，要留作人生反思，檢視生命，達至無枉此生。

努力學習和工作，是我此生投放得最多時間的。因此，若能有第二次人生，我會叫自己把放於學習和工作上的步伐盡量拖慢一點。我不是呼籲大眾不努力工作和學習，而是我在此生實在花了太多時間在工作和學習上了，往往忽略了其他精彩的人生範疇。

當中令我最遺憾的，就是忽略了與家人相聚的時間。曾經，我豪情壯語要帶媽媽遍遊世界各地，讓媽媽晚年享享清福；但至母親辭世，我曾經許下的豪語錄，仍然沒有兌現。曾經，我深信自己能成為一位好母親，會珍惜女兒成長的點點滴滴。可是，又因為太投入工作，女兒學懂步行時，她踏出人生第一步的見證、女兒上幼兒班時的第一個微笑、女兒小學畢業時的珍貴一刻，我全都錯過了。若有第二次人生，我承諾定會更珍惜與這兩位我生命中最愛的人的相處時間。

若有第二次人生，我會讓此生規行矩步的自己，嘗試放開胸懷，容讓自己接受不同的挑戰。從小到大，我也十分嚮往能夠踏足世界不同角落，擴闊視野，但礙於持續進修以及繁忙的教學工作，此心願一直落空。因此，若有第二次人生，我必定騰出人生三分一時間，讓自己放眼世界，主動探索，笑迎人生每一個挑戰。

最後，我會用一成的人生時間，去為自己一生的經歷作出反思，加以檢討，真正做到一生不枉過！以上就是我對自己二次人生的設計，與此同時，我仍然要為上天安排我活於當下而心存感恩，我仍然會——活好、愛多、常笑，繼續自己燦爛的人生！

記一次集會前的所見所聞

SIVE ◆ Event Officer

那年，我一翻開試卷，還未看畢所有題目就開始「記一次集會前的所見所聞」：

到不同學校分享是我的工作之一，而今天正正被安排到母校。當我和負責老師見面後，便往禮堂設置電腦、投放投影片等。當一切準備就緒，我便在禮堂前排複習筆記，等待集會開始。

「呼！」我還未回神過來就再聽到一聲「啊！」沿聲音方向回首一看，有位學生仆倒在禮堂後方的地上，我猜想他剛才是匆忙地跑進禮堂被地氈絆倒了。正當我走過去看看有甚麼需要幫手時，有位老師從後而來，扶起地上的學生。學生起身時，我見他手部流着血，應該是跌倒時不幸撞到椅子而弄傷了。那位老師看到流着血的學生並沒有慌亂，更溫柔地問他有沒有其他地方受傷。我過去表明身份，為同學簡單檢查一下：「嗯，應該只是擦傷。可否麻煩老師你拿急救箱給我為他處理傷口嗎？」老師望着我，頓了一下便轉身離開了禮堂。

沒多久，老師便拿着急救箱回來。我替同學處理傷口時，老師在旁問他為甚麼要跑進禮堂，同學表示剛才在圖書館看書看得太入神，誤了時間往操場上體育課，見快要遲到所以跑進禮堂走捷徑，以免被記遲到。轉眼我就為同學處理好傷口，他連忙向我道謝後便急步前往操場。老師看他單手托着受傷的手，可能怕他再次跌倒，便表示和他一起前往操場。同學再三向我道謝，同時我和老師微笑示意後，他們就離開了。

集會後和老師閒聊了一會，才知道剛才在禮堂扶着同學離開的那位根本不是老師！她只是當天另一場集會的分享嘉賓。沒想到，一位陌生人會對同學如此關心。回想起，那時請她拿急救箱，她頓了一下並不是因為反應不來，而是不清楚急救箱在哪裏……

＊　＊　＊

剛才我在雜物房執拾時找到一個急救箱，勾起了這段往事。趁我還記得，便把這件小事放進回憶台。

人類不停進化，科技不停進步。現今，我們不再需要也不能離開家門半步，家中有不同的機器應付各樣需要，包括空氣機；街上滿佈毒氣，唯一能呼吸正常的空氣就只有每個家中。這個真正足不出戶的世代，人與人之間彷彿沒有任何關係，僅有的聯繫也只靠視象通話。我已忘了多少年沒有給朋友、家人一個擁抱。對於我這代人來說，擁抱是表達情感的一種肢體接觸，但對下一代來說，「擁抱」只是歷史，一切有溫度的人和事，也成過去。

而那年我的「記一次集會前的所見所聞」，不單是當年考試的一份答卷，也是一篇記敍文。我想再走一趟，約見並給他們一個深深的擁抱。

男人

林欣欣◆插畫師

我很幸運，在人生的旅途上我並沒有發生過重大後悔或缺失的事，
而我認為心態決定一切，凡事事在人為，要改變隨時也可以。
所以假如有二次人生，我希望做男人。
來一次性別角色的對換。
雖然一直提倡男女平等，但社會始終賦予男女不同的角色設定。
身為女人的快樂，特權，痛苦，我都能深切感受到。
那作為男人如何面對自出生以來的另一種社會責任，
我想試一下，這樣好像很有趣。

白色的多彩

何力恒 ◆ 導演 廣告人 創作人

人生應是多姿多采，如果讓我選一個顏色重生，白色吧！那就由我一個個知心朋友開始說起……

白紙說他要跟我分離，今世緣盡，因為身上每一處白色部份都已被填滿，正面背面還有不少白色塗改液黏上，再沒有留白的地方。他感覺到將要被棄或作環保之用，心懷安慰說道，已嚐盡人間美好事，你看我每一處都留着痕跡、情感、悲喜，今生再有何求？每當他看見友人身上只得字行三數，人生留白地方太多便擠進垃圾桶裏輪迴轉世，便覺惋惜。

白布鞋也有同感，他慶幸主人帶他四處遊歷，因為皮膚較薄，跟主人緊貼時，倍感溫暖。潔白時，白布鞋會去開會見客人洽談生意，有時畫龍點睛，身上多了圖案，主人會帶白布鞋去婚宴作賀禮，親友們還會給予讚美。日子久了，白布鞋也會去球場踢波做運動，不論晴天雨天，出一身汗殺死身上病菌也不錯。到了生命盡頭，白布鞋享受跟主人一起走過的日子，仍清楚看見身上點點殘留記憶，已今生無悔。

白背心伯伯娓娓道來說起已跟家人一起生活十數年頭，由雪白臉到今天灰蒙蒙倦容，仍然每天為家人服務，不辭勞苦，維繫着正是家的溫暖。回想起年少時一副小白臉，經歲月磨煉，慢慢起了皺紋，面容開始發黃，還做了多次手術修補，幸好生命得以繼續，從衣櫃走到雜物櫃，跟半退休人士一起再等待出發。即使成為一塊地布，游走黑暗角落，能動能走來來去去，感覺自身存在總比藏在抽屜裏底下層動彈不得活得精彩。生命只是存在，完全沒有活起來，那就沒趣。

白色顏料有一道理論，自己就像血液中的O型，可以跟不同的顏料混合，走在一起沒有不歡，也可以令他們各展所長。每一種色彩，只要加丁點白顏料，他自身色彩會慢慢被淡化到不同層次，看白色多少。即使變淡，也定必看出他本身性格，黃色就是黃，可以淺黃，米黃，奶黃，白黃。慢慢開始看見人生地圖，可以展現多面，把內涵溢出於外，化身成不同顏色的自己。如果紅色混進黃裏去，就會變橙色，黃的性格就變了。白色顏料有一種大無畏精神，沒期待其他色彩加進自己，只希望自己有生之年，為大眾服務，為別人發亮發光。

（特別感謝一群白色，在二〇二〇年為香港社會抗疫，讓別人生命得以繼續光亮。）

【第三章】

現實篇之得

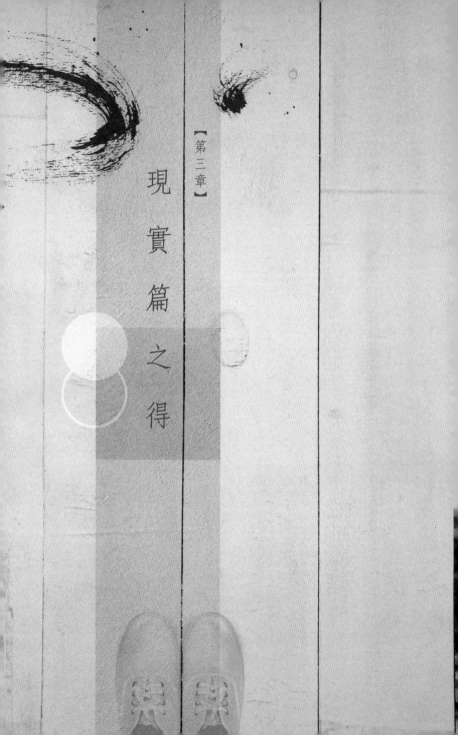

富貴逼人

大可・調音師

自細喜歡看「富貴逼人」系列電影，電影內出現最多的對白，
莫過於驃叔和沈殿霞的一句：
「發達啦，今次發達啦。」
可能太受電影影響，
覺得中頭獎才是我人生唯一出路。
所以希望長大之後，
能夠一注獨中千萬元金多寶，
可以過着零工作的樸素生活。
閒時看書，到海邊聽海浪聲，
海風撲面，優哉游哉地暢泳，
與大自然融為一體，探索宇宙的奧秘，
細想生命的意義。
為了我的理想生活，簡單的粗略估計，
假若我十八歲成為獨贏金多寶的幸運兒，

八千多萬元的六合彩頭獎獎金，
能夠使我過着理想的樸素生活直至到七十歲。
今天，是我的十八歲生日，
亦都是進入賽馬會的合法年齡，
所以，由今天開始，
我決定購買每期的節日金多寶，
直到中頭獎為止。
光陰似箭、日月如梭，
霎眼間已經是二十年，
三十八歲的我已經供養了賽馬會二十年，
明天，是我的三十九歲生日，
亦都是新春金多寶的開彩日，
我決定給自己最後一次機會，
雖然這句說話已經說過無數次，

但這次，真的是最後一次吧！
無奈，幸運之神永遠沒有眷顧我。
而我，亦都履行對自己的承諾，
不再購買六合彩了。
沒想到，
今年四十歲的我突然間成家立室，
由普普通通的打工仔一名，
辭職搬離市區，
到新界鄉村地方開小餐館。
雖然和當初想過的生活有些不同，
沒有海浪聲，只有雀鳥聲，
沒有在海中暢泳，只有到林中漫遊。
但還是過着樸素生活，
與大自然融為一體了吧！

從自導中成長

冼振東◆戲劇藝術教育工作者

成長，是個不斷選擇的過程。我的「二次人生」，關乎一次「雖千萬人吾往矣」的選擇：

我讀的中學是傳統男校，校風很好，最重要的是遇上了一位鼓勵我做自己的恩師。過了五年快樂喪玩的生活後，會考觸礁。其實呢，考得不算太差，但在保守父母的定義下，未能原校升上中六，就是失敗。之後我本來可以在別的學校讀 A-level，但極其討厭考試的我，預視未來必定再「炒」，便把心一橫去考教育學院，以期盡快出來（有份穩定的）工作。

幾十年前還是四所教育學院的年代，我的會考成績還夠資格讀個教師課程（所以真的不算差哩）。後來即將畢業之際，香港大學和中文大學都推出了銜接課程，讓我們讀兩年就取得「小學教育學士學位」。嘩，這可是千載難逢的「逆轉勝」機會，讓面如死灰的雙親復燃「兒子是個大學生！」的希望。報名面試後，極幸運地獲中大取錄。然而，在教育學院貫徹「不務正業」作風的我，透過積極參與劇社，培養了戲劇藝術興趣，因此我亦報考了演藝學院戲劇學院導演系。當收到演藝學院的取錄信，我咬牙切齒的叫了聲「YES！」好明顯，相比做個「大學生」，能入戲劇學院令我興奮萬倍。

縱然是個反叛孩子，我也一直不敢告訴父母我準備選擇演藝。直到一天，中大已到交學費死線，我才夠膽告訴他們：「我要讀演藝。」一如所料，父親怒不可遏，險些動刀；老媽卻（竟然）只稍微激動，幽幽的說：「點解你會咁樣揀？你想做明星？你覺得自己好靚仔？你以為自己係周潤發？」*

嗯，讀演藝就是發明星夢，我早料到他們會這樣想……恐怕三言兩語根本解釋不了，我唯有淡淡然（但堅定的）再說一次：「我要讀演藝。」

狀況膠着之際，我索性拿出中大的入學通知書，撕成碎片。

就這樣，棄大學讀演藝的決定造就了今天的我。如果我順着大部份人的期望去讀大學，我多數會是一位小學老師，直至現在。因為生命裏面沒有戲劇，我肯定是不開心的。

為甚麼當時我有那麼大勇氣去走一條大部份人都不認同的路呢？多年後回想，我讀演藝是想修導演，因為我喜歡把故事搬上舞台、喜歡好好說個故事的感覺。或許，在大學和演藝之間、在穩定的教書職業和不穩定的藝術工作之間，我選擇了聽從自己內心的真正想法，親自執導自己的人生故事。那一刻，我要做自己人生的「導演」。

作為戲劇教育工作者，每當我執導青少年劇場，我不會強迫年輕演員去做超過他們能力範圍的表演，而是鼓勵他們「導」好自己的演出工作。只要他們認真投入、對自己有要求，導好自己，演出一定好看。而更重要的，是經過這樣的「自導」過程，便會有很大成長。我希望他們記住：「其實我不是教你們表演，而是『導演』，教你們成為自己人生的導演。」

*這件事我曾於二〇一六年八月二十日《信報》之個人專訪中提及。

要讓女兒做自己

布力皮·編輯

人生在世，不同階段，就有不同角色。呱呱落地一刻就為人女兒為人孫，萬千寵愛在一身。慢慢長大弟妹出世，就為人姊，本性頑皮懶散的我，八歲時已自覺要有為姐之模樣作弟妹榜樣，由常被罰留堂的曳學生，到修心養性成績名列前茅。時光匆匆數十年，由學生變員工，由情人變妻子再成人母，由養貓咪到養臭小孩。一步一腳印，人生如砌圖，回憶似碎片，我們就是由每個轉變拼湊出來。

新階段變了一個新角色，彷佛就是新的人生，尤其成為人母。我本性隨遇而安，從來遵行李小龍「Be Water」的哲學，一直我行我素、粗枝大葉不改本色。不過自懷孕未變緊張大師也不免小心翼翼，每個人都是獨立個體，但體內藏有另一血肉相連的生命，一舉一動都為她帶來直接影響。責任大了，生活重心不同了，我的二次人生亦由此展開，因為懷孕之時就放棄做了十年的老本行，不再東奔西走，卸下記者身份靜靜在家養胎。飲食不再亂來，不算非常健康但也注重營養吸收，因為身體及荷爾蒙變化，情緒起伏變幻，人心不定希望嬰兒靜，所以日抄一篇《心經》靜處修心。就是這些小事情小改變，人生軌跡也徐徐變異。

張愛玲說「成名要趁早」，香港家長奉行「贏在起跑線」那一套，可是人生不是比賽，怎樣定義成功與勝利？人各有志，怎麼將自己的價值觀強加於兒女身上？不斷補習催谷、揠苗助長，破壞他們的童年，剝奪一個人最無憂快樂之時，難道這是父母該做之事？最近看一本叫《猶太媽媽不買玩具》的書，看所謂育兒書，其實是學習怎樣做一個人。書中提到猶太人有句諺語：沉默的孩子無法學習！猶太人口中最常出現的兩個問題是：「你的想法是甚麼？」、「為甚麼這樣想呢？」——亞洲很多地方一樣，學生讀書的時間相當長，被逼得用功，但是卻只教出一堆不會獨立思考的考試機器而已。女兒出生以後沒有緊張地報學校上playgroup，我們一起上街遊行；我們一起坐困愁城，所有安排計劃，也趕不上時代變化。經過二〇一九年之夏到二〇二〇年之疫，不少香港人受衝擊歷轉變，認清到自由、快樂、健康才是最根本的追求。一行禪師說：「父母能給子女最珍貴的傳家寶，就是他們自身的幸福快樂。如果有快樂的父母，等於繼承了世界上最豐富的遺產。」這就是我的育兒座右銘。

我女兒現在一歲半，我眼中她不是公主是一個女漢子。我讀亦舒大，根深蒂固認為男男女女都應該獨立靠自己，做人呢，粗中帶細柔中帶剛就好。說到底都是她喜歡如何就如何，只要是非分明就好。路是自己行出來的，世界崩壞，我們努力，一起成長。

困難、轉變並不可怕，放棄才是最大代價，二次人生就是另闢一幀風景、另創一段回憶。

幫助別人 幫助自己

高月芬 ◆ 身心療癒師

我十八歲考進護士學校，一做便做了二十年，十年兒科病房護士，十年風險管理。

我的性格比較單純、樂觀，遇到甚麼都欣然接受，勇於嘗試，護士學校的取錄如是（收了我便讀呀，有書讀還有薪水）、升職風險管理亦如是（不知道要做甚麼，但努力摸索，頭幾年做得頗辛苦）。我還會在工作崗位上盡力做到最好，所以當我發現讀完三天的身心語言程式學（NLP），但將學到的內容向同事提供培訓時表達得不夠好，我便努力在助人學問上不斷進修。

二〇〇三年我在港大讀了一個預防自殺的課程。老師找自願者作輔導對象，當時我從未被輔導過便自告奮勇。誰知，過程處理了我三歲時喪母之痛。那時才發現，原來那事情使我積存了大量情感，這麼多年前的事原來一直影響着我也不自知。原先一直以為自己個性冷靜，但原來是情感處於一個冷凍的狀態。這經歷幫助我看到自己的問題，也釋放了很多，也讓我驚嘆輔導的神奇效果，對這工作產生好奇，也令我很想轉行做輔導。

身邊的朋友和同事都反對我轉行，擔心的程度像是我要去自殺！當年我已四十歲，放棄護士長職位除了薪金會大幅減少，還要付錢交學費。幸運地我得到丈夫理解和支持。轉職前我花了三年讀完社工碩士課程，畢業之後找工作也很困難，因為僱主看到我以往的履歷和薪酬，會擔心我做不長和很難管。

我很慶幸自己真的轉了行，因我並不喜歡行政工作，卻很喜歡和人深度交流。現時的工作除了幫助別人，也容許我不斷有個人成長。例如有次我在輔導個案時有疑難，找老師督導。他看完我的輔導錄影片段後，竟然眼泛淚光問：Fanny，你為甚麼讓案主abuse你？有時就是會當局者迷，旁觀者清，我完全不發覺自己為了幫人失去界線，這可能是源於我媽媽離世時我沒有能力做點甚麼，所以長大後會不惜一切幫助別人。這個提點，讓我更認識自己、也能作出更好的回應、決定和選擇。除為他人設想，也懂得同時照顧自己！

我的工作帶來很大滿足感。雖然賺的錢可能不到以往的一半，但我的視野開濶了，也有機會實踐自己的人生使命，為世界帶來更多和平、希望和歡樂，並支持其他人發展自己的潛能。

我從別人身上得到的好處，能回饋給其他人，今生無悔！

words with a drawing

lhk ◆ tattooist

那年三十五，第二人生來得突然且順利，沒有想得太多。一股看不見的力量推動着，讓我稍微扭動一下軚盤，偏離了那條本以為預設好的路線。

做設計十七年，以為這樣就一輩子，兩個恰巧不期而遇，職業一欄就由設計師改成紋身師。二〇一七年初決意拜師學紋身，才不久，剛巧公司進行大裁員，原本雙手不離滑鼠、鍵盤的我，被動地離開待了十年的舒適圈，開始執筆作畫。那枝紋身筆，可說是令我的夢想不止於「夢」或「想」。

我修讀插畫出身，亦由衷地喜愛繪畫。可是，生活在輕視創意產業的地方，甫畢業的我就認清——靠插畫根本過不了活。自入行後，我也再沒畫過一幅屬於自己的作品。沒能怪誰，大概是人變得現實和惰性太重吧？二〇〇九年，得前度的鼓勵，答應她重執畫筆，每月送她一張畫。後來，放下了感情，卻沒能放下畫畫的習慣，習慣以畫記錄生活小事的方式。

日積月累的畫作，從中開始審視、摸索自我風格，或許因此讓這趟紋身之旅平坦一點，易走一點。

第一次把自己作品刺入別人皮膚的那天，那種成就感，大概是呆在公司十年、排過無數版也無法感受到的。創作不再是單向地滿足客户，而是承載了別人的故事，每一筆觸都注入了生命力，成為他們身體的一部份。第二人生，那幅畫布變得無邊無際，我擁抱了創作的自由。

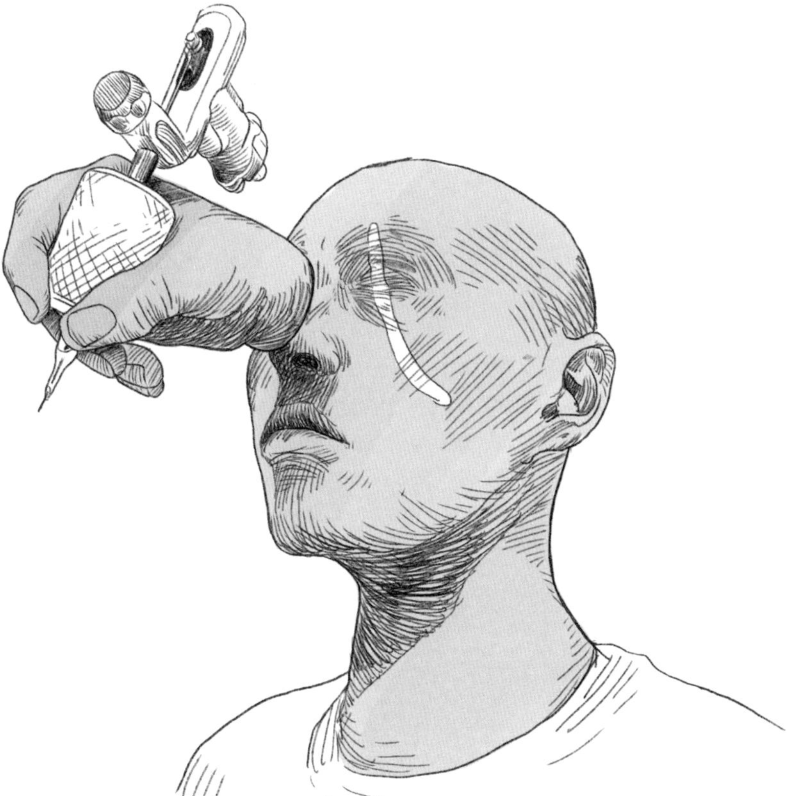

二十二年前・兩年前・去年

朱小亞◆退休人士

二十二年前生病後不知不覺開始二次人生。

兩年前退休後面對二次人生。

二〇一九年所有香港人二次人生開始。

二十二年前：

生病是一種體驗、體會，很難一下子領略其中道理。在來不及察覺下悟出了以前忽略的某些人生哲理。

那時我正忙於治療，心中惶恐，無助感湧上心頭。

無論累積多少工作經驗，成績如何了得，以往讀書有多勤奮，生病時完全派不上用場。職場、課堂沒有教我如何處理病中情緒管理或平時要注重的健康意識。

疾病完全打垮了我。失去自信及自我價值，潰不成軍。平常的勇氣、戰鬥力蕩然無存。

那一年，我幾乎撐不過去，最後一次化療也接近放棄。幸好，幸好……

回首，不敢想像。怎樣撐過來竟毫無頭緒。

在漫長一年治療中，親愛的上帝激發了我積極求存的意志。堅信因為祂沒放棄我，才有機會擁有二次人生。既然重獲新生，理當好好呵護自己身體，否則又將被再糟蹋。

目前醫學界還未找出癌症真正成因。但有一點肯定的是，自身免疫系統差劣就一定沒法打贏它。現在我深知癌細胞是自己體內的一部份，要與它共存，不抗拒，不對立，手牽手但要勝過它。

病後的我銳意重整二次人生。身體力行，自強不息。適當運動，良好生活習慣，飲食得宜，調適工作壓力，節制脾氣情緒等。這些在生病前從來都不作考慮之列的事情，如今缺一不可。

而信仰作為精神上的支援也佔了極關鍵的位置。

這是我二十二年來的頓悟。何其寶貴，何等幸運。

我的經歷更成為其他後來患病者的安慰。體會了何謂施比受更為有福。

比起二十二年前我現在更快樂，更積極向上。雖然那時幾乎在死亡邊緣，深感焉知非福。

兩年前：

兩年前終於離開伴我半生的廣告行業。

雖然看來虛榮又虛幻，廣告學到的仍讓我至今獲益良多。

大多數廣告人感性，機智，酷愛美學。拼勁但又享樂至上。

有態度，有性格。是很極致的一群創意者。

我的廣告歲月從香港八十年代中開始走向極度輝煌的黃金年代。

客戶、創意、各行各業蓬勃茁長，機會處處。那個年代我們標準很高，要和世界接軌，非常得意。

當時一句廣告名言：「香港幾好都有，你點捨得走？」就是我們的自負寫照。

花無百日紅。

似水流年，俱往矣。

近十年數碼攝像主導，廣告不再風光。

當年的高規格已不合時宜。沒人願意再投放那麼多時間、金錢，加上現今很多人不懂我們為何還要堅持一定的廣告水平，他們只要求用便宜快速的方法完成工作，其他都可妥協。

一部份廣告人黯然神傷。

離開這個行業非常不捨，不捨這群人種。加上眷戀廣告曾經帶來的光環以及別人羡慕眼神，一直心有戚戚然。

回頭看彼時是說再見最佳時機。

幸好很快體會到工作並不是生命全部，廣告當然更不是。

我們不是單靠工作證明自己的存在。光環只是假象，是行業的加添物。人一走，茶就涼，一點意義也沒有。

工作只是人生一部份，生命的全部是如何有意義過好每一天。

天天向上，充實自己，善待別人。愛護周遭事與物，回饋社會，減慢我們對地球崩壞的力度。

現在終於有機會學習每天輕鬆過小日子，好好照顧自己。

如今是我最愜意的時刻。

廣告是美麗的包裝學。真正的美麗是從內而外，那才會動人、迷人。

二〇一九年：

整個香港承受前所未有的衝擊。

社會深層次矛盾從一九九七年如病菌般潛伏了二十多年，期間大家從未真正面對或嘗試解決問題。二〇一九下半年終於如膿皰般潰瘍出殼，一發不可收拾。

我們學到了甚麼？

服從法律，珍惜多年用心設立的合宜制度。

尊重掌權者。守法，盡公民責任。

理性地將自己訴求用和平文明方式表達，讓世界看到你的價值觀及信念。

不偏不倚，甚麼顏色不再重要。立場不一樣是常規。無須動氣，事情一定比你想像的更複雜。假如世界領袖束手無策，我們更應保持冷靜，用智慧分辨真偽，勿自亂陣腳，發揮香港人獨特應變求存的精神。

二〇一九年，是揮之不去的遺憾。如何忘記？只能不記。
香港不可能回到從前，也不會再一樣。
未來香港可能成為一顆真正閃爍的東方之珠，而非人工打造出來的璀璨假象。
歷史會證明一切。
屆時大家的眼淚、鮮血和汗水應該不會白流。
比起其他地方，我們才剛起步。
可能步伐更艱辛，更險阻。可能有生之年無法看到。但有明天就有希望。
感謝上帝給香港人的考驗，祂深信我們因祂的保守必安然度過，且變得更剛強更明亮更扎實。

二〇二〇年一月三十一日

觀・點

袁姑娘◆社工媽媽

當年會考放榜，成績不好，要周圍撲學校碰運氣，依稀記得母親大人說她同事的丈夫是在中學工作，可以「睇下幫唔幫到手」。如是者我便和母親大人直接上該同事的家（當年仲會為了畀張成績表別人看而親身上門呢……）。我很深刻記得自己需要把成績表交出時，其實是感到很羞恥，因此連正眼都不敢望那「中學工作的丈夫」。對方沉默了一會，結果第一句說話是：「中文有C喎！」這句說話，好像突然敲了一下很大的鐘聲。（容許我解說一下，當年會考是中五，如想升讀中六，考獲A可獲5分，如此類推，而一般升讀中六是要14分或以上。）

因為我只集中看自己不夠14分，根本沒有覺得中文科考C，其實是不錯。雖然那年最終我亦是重讀，但這個經驗，改變了當刻我對自己能力的看法。至少，我看到自己一些「還可以」的地方。

現在，於社會工作，服務的對象都是比較弱勢的一群，他們也常「被標籤」或被視為「問題」，包括他們自己看自己。曾經，我於活動中問過一些人，你們在圖中第一眼看到甚麼？

他們都會答：「一粒黑點。」

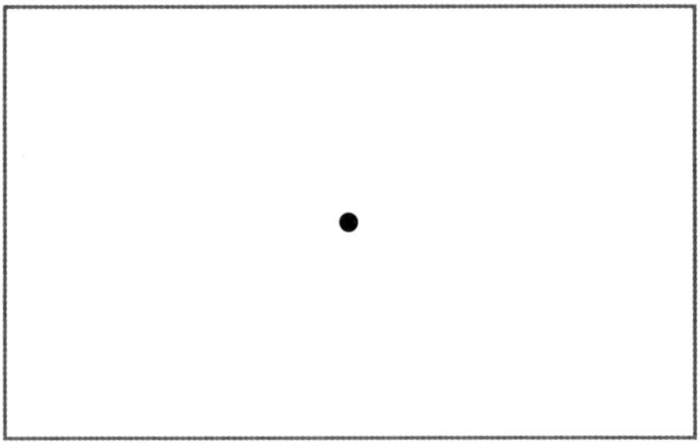

曾經，我都是如此回答。

當天，我甚至亦是如此看自己的會考成績。

但就是有一個人，看到我黑點以外的地方，讓我亦不用只集中在這一點。

這一點，或許永遠都存在，但它並不是唯一。

就是發了一個夢

又一山人 ◆ 視覺溝通人

從來，我都是一個天生記性極差的人，但有些事情總是記得清清楚楚的。

三十二、三歲的時候，在全港至大的智威湯遜廣告公司做創作總監，當時跟開明有遠見的地下鐵路推廣及市場部門合作無間，廣告深入民心，年年拿獎，所以公司上司老闆對我非常疼愛。時而九十年代初，廣告業跟香港經濟大主流同一樣無限光景之際，人家看我是圈內天之驕子之一，自己心內會感嘆一句：「夫復何求？」

一天發了一個夢……想了多年，也記不起當時是零時睡着的夢還是一個白日夢，反正就是一個改變了我一生的好夢……

夢中的場景是廣華醫院病房內，睡在病床上，靜得像時間也停了下來。所有至親和朋友在我頭頂圍了個圈，他們的表情都是停止的，唯一的聲音是我的脈搏極慢地由床邊機器向大家告示：我要走了。我用很平靜的口吻安慰大家：「要走是無憾的，一生都幾creative……」他們大部份不是我行內專業，不甚理解。然後我補充：「例如幫地鐵提升形象，爭取多些乘客，幫地產商賣多幾個單位。波鞋牛仔褲品牌做大些生意……」未到絕氣一刻，夢就醒了過來。噢，原來我未死，只是一個夢而已。坐在床上想了又想，如果我一直投入現在的工作，每天十六至二十小時搏殺，重複地為客戶解決問題，推銷推廣，到退休到老到死，不就是如剛才的夢，說一句我一生有創意為總結嗎？突然之間，我問了自己一句：「人一生不止於此吧？波鞋牛仔褲不是亞爺留給我的生意，是人家的；我只是為他人錦上添花的角色，推銷人家想推的 message。而我呢！」當下答應了自己，除了專業工作部份仍要專心投入地做，要推就推我的信息、我心中的價值。

那一年我做了兩件事。

行家都認定我在廣告創意方面的能力，都稱呼我是「做地鐵廣告的 Stanley Wong」，而怎能有一天又做其他我的理想呢，不是很精神分裂嗎？好，就分開角色身份吧，為此，改了個藝名「又一山人」（因敬重明末清初畫家八大山人而取名）。以雙線出發，沒有牴觸矛盾。開了個新 file，做甚麼才算是理想，又再想來想去，甚麼我最關心，最頭號重視？最終落實在人和人之間和諧，世間和平。今天回想，為何驅使我認定這個題目，不知何解，天意吧……

當然，在營營役役的廣告生涯中，腦袋也沒騰出空間時間在這個課題上。六、七年後，直至二〇〇〇年開始，離開了廣告打工生涯自立門戶，終於開始自我決定工作的步伐和選擇。亦因一個偶然的機會被邀請，又一山人的工作正式啟動於藝術圈、攝影圈、教育方面，以至後來說服企業在市場推廣方面，以社會價值課題發聲。

今天，因為以「紅白藍」膠布創作推動香港正面積極沒中斷持續，媒體和大家會稱呼我為「紅白藍先生」，說清楚一些，我就是活兩世，做兩個人，在現實和理想之間各自爭取。直至近年走到另一階段，Stanley Wong 和又一山人 crossover 合作，再復合連為一體，更立體地跟大家互動前行。

魔羯座的詛咒？

Emily Wun ◆ Producer

我是典型的魔羯座，沒趣、固執、理智、非常安於現狀卻因為世事多變，無法安定下來的人。

小時候因為太喜歡小動物，「我的志願」是當一位出色的獸醫，但長大後發現不論是獸醫還是出色，都是離我遠遠的，當獸醫很難，要當個出色的人更難，好嗎？當你愈喜歡一成不變，好好的安於現狀，上天就是不會讓你好過。因為各種關係，單是小學生涯，我轉了整整四間小學，別人的九年免費教育，我卻上了十年，那一年是轉校賺回來的，哈哈，其實這算不上甚麼值得自豪的事。

那一年印象很深刻，重讀的我一直被標籤成壞學生，同學們的午餐話題很有幸的帶到我有多壞（我只是轉學調節不來，不知道自己壞在哪）。新的一年，感覺就是開了壞的一年，那個被孤立的我，又自卑又焦慮又無奈。記得除了要應付成績，很多很新鮮的事情一直發生。同學們很喜歡經過就撞我，也試過被同學無顧打肚，說讓她試試力。也被從後推落地上以及有次同學聲稱是玩樂把我推跌幾級樓梯受傷。我媽一直很懷疑我為何一直受傷，但我總是說我不小心就了事。到底我是如何走出這小小的黑暗時期呢？只能說人真的很單純很簡單，一件小事也能影響一輩子。我是被我媽送的一件玩具所激勵的，一件寫着「別人不明白笑你傻瓜瓜，我卻認為你頂瓜瓜」的玩具，她應該早就忘光光了吧，卻提醒着每次無力嘆息的我重新出發，凡事都抱持着一份謙卑的心，盡可能把事情做好。好像有了這個勇氣，就會有了強大的力量，懂得去對抗黑勢力，學會Say NO，事情就慢慢好起來了。說來好像很容易，但這小小的信念，伴我走過人生的大大小小事情。（謝謝你，我的靚媽咪。）

當獸醫大概在我會考後就成為自動放棄的一環了。因為從小非常害怕考試，每逢考試身體就會打開機制，腸胃炎、發燒、傷風咳都是陪伴我成長的壞朋友。每一次考試，即使平日功課表現多好，別人考試打個八折，我這個廢人竟然可以因為怕幾張紙，成績直接來三折。你有聽過父母會求你不要溫書嗎？我媽就是那種考試期間求你休息，每個考試都以「反正都會忘光光，倒不如放輕鬆，早點睡吧！」的心態對待我。人生自我打星，最精彩莫過於會考因為太害怕而暈倒試場，得了兩個U，看着成績單都不得不佩服自己了。有時回想一下，或許正正這兩個U對我的人生起了一個小變化，因為反正一直重考也沒有用，我就帶着我中文、英文作文、小組討論的幾科5及5* 入了大專，修了廣告及視覺特效一科。果然隨着不用太多的考試，只要完成作業就自動解決了我的成績及無原因生病的問題。

畢業後，算是傻人有傻福、福星高照，找到了一份不錯的廣告工作。在五光十色的廣告行業，案子快來快去，卻絕不馬虎。代理商、客戶、拍攝團隊，會議一個接一個，見識不少。身邊的朋友、家人一直叮囑，這行業自己要好好企住腳不要行差踏錯；慶幸遇上的，都是一個又一個可交心的好人。這行業令我最不適應或是最有挑戰性，往往是客戶一句話便可以改變所有原定的計劃；當然導演的神經刀不時開動，也是令大家變得手忙腳亂的原因。每次變化萬千、疲憊不堪的案子過後，我也會問自己那麼愛一成不變，為何會在這行業生存了第八個年頭。隨着年紀不輕但又算不上老，每每在反省自我，也會不時細想，如果一直做下去，將來會是怎樣呢？

過去的半年來，隨着大大小小的社會問題、政治運動，以及肺炎的燃眉之急，除了無助無奈，就是不時提醒自己、身邊的人不要放棄，堅持就會找到方向。或許將來會閒時教教瑜伽，或許我會開間小餐廳，或許繼續當個小製片，雖然未有確實的去向，但相信我會走出我的二次人生。

我變、我變、我變變變

蔡裕彤・演員

人生究竟是甚麼？有人說人生是一套戲，你自己就是主角。劇情是怎樣其實一切也是由你主宰，但也有意想不到的時候。

在自己的一場戲中，原來角色也會轉變。你可能不能永遠都是你。二〇一八年十二月一位小生命降臨，我成為一位媽媽，對於女性來說由別人的女兒變成別人的母親，應該就是一生中最大轉變。這個角色又熟悉，又陌生。

我從沒想過全職媽媽的生活是這樣的，沒有朋友，沒有玩樂，沒有興趣。就連上廁所，吃飯，看個手機的時間也沒了、更不用說娛樂。

每天的生活就是圍住小孩來轉，洗奶樽、洗衣服、餵奶、掃風、哄睡覺。一天二十四小時就這樣過去了。開始會覺得活的不像你自己，甚至沒有了自己。和丈夫、家人為孩子的事吵架也是家常便飯。只有夜深無人的時候，你才能安靜，思考自己。沒了工作，沒了社交，我還剩下甚麼了？

突如其來的轉變，也需要時間去消化。

現在女兒已經一歲，我已習慣這樣的生活了。有孩子後改變了我的性格，變得膽小了，不再衝動，凡事以小孩為先，天氣冷了，怕小孩生病。自己生病了，怕傳染給小孩。不安全的地方，就不去了。

變得細心了，為小孩準備的東西一件不漏，所有用品清潔乾淨，每天晚上都起床看看小孩有沒有蓋好被。

變得強大了，由甚麼也不懂，變到餵奶、換片、幫小孩洗澡，甚麼都好熟手，很多事可以一個人做到。

變得簡單了，對快樂的定義不同了，不再只對物質追求，只要孩子一笑，就能讓我開懷。

這束縛的生活下，卻能帶來最多的幸福。雖然做母親意味着要放棄很多，無私的奉獻自己，但看她一天一天的長大，學會每一個新技能，你會發現一切都是值得的。人生裏多了一份責任，能使你更加進步，感謝生命內多了一位能讓我牽腸掛肚的人，成長的不只有孩子，還有我。感謝你給了我第二次人生。

媽媽永遠愛你。

籃球夢

桑仔 ◆ 自由工作者

每天上班乘塔巴士，上車再走到上層，都會不自覺地選擇坐在車廂靠近左邊的座位上，即使上車時多疲倦多想小睡片刻，都會在某一個途經的巴士站醒來，為的是希望看一眼巴士站旁的籃球場。在我眼中這是一個特別的地方，十五年前的夏天，每天一覺醒來第一件事便是來到這個球場，和隊友們一起在這球場揮散汗水，不停的反覆練習一個個動作，準備好每一場的學界賽，追逐我們的冠軍夢。

但其實在一般人眼中，這只是一個日漸荒廢的籃球場，籃板沾滿污漬，籃框已斜得不是水平狀，地上的油漆線快褪色得看不見，彷彿在等待清拆般存在。這個籃球場的老化與我們漸漸消逝的籃球夢非常配合。畢業後投身社會工作，永遠做不完的工作，能日漸消磨你少年時的鬥志。

忙碌的生活中，即使你拼命去完成當日的工作，求的只是在下班後與隊友們一起打籃球，但都會被各種的因素阻礙，例如天雨、臨時加班、工作後太疲累、街頭籃球場被其他人租用、趕回家陪家人等等，不知不覺間打籃球從日常的事成為了一件奢侈的事。

我和隊友都是因為籃球而結緣，所以籃球總會令我們再次相聚起來，可惜這次的相聚令我們的眼淚流下來。平日大家相約打籃球總是只有一兩個人能應約，但這一次總算十二人能全數出席，但我們到的不是球場，而是籃球教練劉老師的喪禮。劉老師是我們對運動的啟蒙導師，把我們一個一個從終日撩是鬥非的中學生，培養成嚴守紀律的運動員。我們從劉老師身上學習到的不僅是籃球的技術，是做人的積極態度，劉老師的口頭禪「不要等待機會，而是要創造機會」成為了我每每面對逆境時抱着的信念，克服了一個又一個的困難。衷心感謝劉老師對我的教導。

劉老師的離去好像在提醒我們是因為甚麼聚在一起。我們的球隊現在每星期保持恆常的訓練，大家都把從社會中學到的知識應用在管理球隊上，以往阻礙訓練的因素都一一解除，從未幻想過我們的球隊能如此有規劃。一些久未運動的隊友們都重拾起籃球，即使抱着大大的肚腩、傷患、身體不聽使喚的情況下大家都拼力跑起來，在訓練中確實感受到何謂「熱血」。我們都知道這是劉老師樂見的事，努力追逐我們未完的冠軍夢吧！

康莊大道

陳炳銓 ◆ 藝人
創作人

我可能是一個漫畫家，如果我一直畫下去。

我可能是一個運動員，如果我有堅持下去。

「我可能是……」作開端的，十居其九都是只在想而無行動。大概都是因為曾經選錯了、選差了、選漏了，種種不如意及由遺憾而衍生的切入點。因為恐懼而卻步。但未「衰」過，又何來了解內在問題。愈痛愈了解，的確是自虐。但這種重口味思維的重點，在於有否幫助自己修正大方向，正所謂「望遠一點」。我偶像差利卓別靈一句名言：「Life is a tragedy when seen in close up, but a comedy in a long shot」。

我喜歡創作，因為天馬行空、無拘無束、任「吹」都得，可以建立一個屬於你的世界。說實在這想法在現實世界是幼稚的，出來社會打滾過一兩年的都應該知道，那個「世界」不是屬於你的。與其說「建立」這麼有主控性，不如說更像為他人做工匠。「他人」是指給你錢的或觀眾的大多數。

Fine！我不談創作或導演，我去當一個演員。演員不用為那個世界做苦工，只需專心活在那個世界裏，享受裏面的一切。的確！演員是幸運的，如果你是俊男美女，那更是幸福！有了知名度，影響力更大。但演員某程度是困在牢籠裏的動物，除非你毫不介意，否則略有野性都容易變得不合群、變得討厭。更何況我並非貴品。不過我選擇繼續，因為過程中尚算有享受的一點點。認真的，這一點點非常重要。

思前想後，現實社會中的一切千絲萬縷，以實際利益掛帥，難以精神價值作籌碼，藝術創作多作閒品，小眾需求而已。作為貪心的我想享受創造與沉溺，已花了十多年幕前幕後打滾，仍是……不期然便會跌入那討人厭的問號⋯我是否行錯了路？

人累了，總喜歡撒賴。

恐懼了，便喜歡逃避。

……劣根也。

在迷惘過程中，我知道不是單靠蠻力可以尋出路的。這時剛好公司也想開一個戶外節目，而我尚算略懂山系越野，所以順理成章地加入主持工作。整個過程中我並沒有寄望太多，反正我本身也喜歡山野，自自然然地如戲劇論般⋯活在當下、享受其中。

節目出街後，出奇地收到很多正面回響，喜出望外。印象深刻的是在山上碰到不少山友打招呼道，因為這個節目所以行山、甚至去挑戰毅行者。那一刻，除興奮之外，簡直覺得自身價值飈升。

理想追逐，還真是需要鼓勵來餵飼。

這一章節令我思考，到底為甚麼想行藝術創作這條路？輕輕鬆鬆的一個行山節目竟比我專注鑽研的表演來得更易成功，而且行山絕對無錢賺卻開始大行其路。也許這地方的人當真需要一些空間，但我在求甚麼？然後靜思、沉澱後，我了解除物質價值以外，我希望可以重視精神價值。我想透過表演這模式去感染他人。但原來撇除模式，行山節目已不期然地達到了一點點。

人生的框架量度來自心境，也可以以心胸闊度去圍邊。但不能夠想，而必須去做才行。過程中會恐懼，但也是份刺激、心跳。

太平淡，你也會悶吧。

我沒有為「表演」而去吃行山節目的醋，反而了解我的不足。有沒有走錯路這問題，也許有吧，但並非人生大方向。路途、風景、障礙物成為了磚塊，反而令你的道路變得更康莊，亦從此給我信心，我永無行錯路。

跑步人生

Norman Lui ◆ 社企 Run For Good 創辦人及行政總裁

二次人生，大家會怎樣理解這個詞語？是大難不死必有後福？還是一沉百踩東山再起？我的理解是，每個人在人生旅途上遇到任何困難，挑戰或挫折，每每都可以選擇用全新角度經歷人生。

跑步，賦予我很多不同的經驗及價值，實在想不到十三年前一個簡單健康習慣會給予我二次人生的機會。當時我在香港外展訓練學校工作，我的辦公室便是整個西貢郊野公園及西貢內外海，整天戶外奔波勞碌的生活，練就一身好本領之餘，亦培養出令人羨慕食極唔肥的腸胃，無論今天食幾多，明天總有辦法把多餘的卡路里幹掉。奈何，天下無不散之水，離開學校後身形開始向橫發展，當時正值小女出世，之前打了十年的甲一組排球（球隊名稱寧逸，有打排球的應該會聽過），因時間關係不能繼續，眼見自己一天比一天肥，唯有的起心肝每天抽時間到樓下公園跑步減肥。還記得自己第一次被其他同事說服（坦白說，當時覺得是騙局）參加全港十公里挑戰賽，自以為體能應該應付到的我，深刻記得衝線後第一句說話是：「頂！我以後都唔跑步。」不過，行山同跑步界三大謊言，「就嚟到」；「好容易」；「以後都唔跑／行」，如果身邊有任何行山或跑步朋友講呢三樣嘢，絕對不可信！

如是者日復一日，年復一年，由最初十公里，慢慢挑戰，半馬拉松，之後全馬拉松；以至後期開始涉獵跑山比賽，開始明白人體極限並不限於四十二點一九五公里，所以於二〇一四年參加了人生首個一百公里比賽，僥倖完成後更雄心壯志地劍指歐洲神級山賽，環白朗峰超級挑戰賽，賽事環繞歐洲著名白朗峰跑一圈，由法國起步，途經意大利及瑞士，最後返回法國衝線，總長度一百七十公里，累積爬升幅度達一萬米（大概等於珠穆朗瑪峰加一個大帽山的高度），一般人用徒步方式完成賽道需要七天，但賽事時限四十六點五小時，所以每年棄賽率高達四至五成！幸運地於二〇一五年，我用了四十六小時十分鐘僅僅完成比賽！衝線一刻的感動，到現在還歷歷在目！

以為已是終極，幾位同年一齊參與的朋友們酒後詳談時發現原來還有另外一個終極，PTL 300公里的超級耐力賽，該比賽除了路線更長，更是一個半自給自足的比賽，賽道沒有路標，要靠三人一組的隊友們互相扶持，根據大會給予的既定路線完成賽事。由於大概五十到六十公里才有一個支援點，所以食水食物等補給亦是另外一個頭痛的地方。雄心壯志的我們到比賽時才發現難道超乎想像，大家更由於準備不足，到一百公里左右便要放棄，失望透頂。

i-run.fr
RUNNING TRAIL FITNESS
OVERSTIMS

心有不甘的我，退賽後許下承諾，希望於兩年內完成一個跑步三百公里的旅程，可以是比賽，亦可以是自我出走的旅程。兩年後，太太及家人支援下，隻身走到東京的築地市場，身上的行裝只有一個五公升的背囊，一套替換衫褲，充電器及少許零食，用六日時間，由日本的最東岸，跑到日本的最西岸新潟市。整條路線只是從 Google Maps 搜尋下找到，酒店亦是見步行步，有得瞓就瞓，冇得瞓就瞓火車站，沒有任何計劃下反而驚喜處處，沿途除了食了人生最好味的壽司魚生外，亦用雙腿感受日本人的好客及文化，神推鬼擁下更拜訪了全日本最猛鬼車站（土合站）。最後到達新潟海邊時，感覺自己已跑到盡頭，雖然不會放棄跑步，但亦未必會在拼命訓練爭取更好成績，心裏清楚知道，自己以後只會享受跑步，而跑步帶給我的榮耀亦應到此為止。但想不到跑步會在我人生以另類的方法延續。

二〇一八年，我有幸贏取新世界發展一個內部企業家創業比賽，我以跑步為主題，希望企業能以其優勢去建構更多運動及跑步的比賽或平台，讓更多人能以運動互相連繫。勝出後更獲得一份啟動基金，於二〇一九年七月創立社企 Run For Good，讓更多人能以不同的方式參與運動，亦希望支援本地運動或運動員的發展。創立初期，資源緊絀更適逢社會運動，雖然困難處處，但亦僥倖地舉辦了幾個有代表性的比賽，包括以「運動做冬」為主題的冬至團圓跑，有國際好手參與的國際獨木舟挑戰賽的龍賽（The Dragon Run），以及協辦了香港首個一百英里賽事 HK168，及遠赴吉爾吉斯舉辦一百公里挑戰賽。以往作為跑友享受比賽，現在作為搞手舉辦比賽，心情大不同，不過見到跑友們衝線的喜悅，千金不換。

我想，跑步給予我的二次人生，除了於各大比賽衝線的榮耀外，更將跑步變成自己的事業，現在很多人掛在口邊的是工作與人生的平衡 work life balance，我想，現在的我是工作與人生的結合（work life integration）吧！

感恩跑步給予我的所有，這就是我的二次人生。

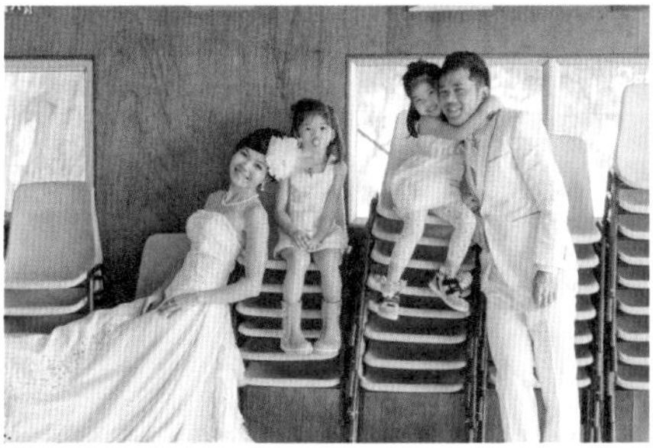

三歲定八十

蔡頌思 ◆ 演員

小學一年級的時候，曾對媽媽說過想當演員，想不到我真的當上了演員，開始了我的二次人生。

從小我便有很多夢想，想過當作家、時裝設計師、偵探等。那為甚麼會當起演員來？媽媽說我很小便有很強的表演慾，在我一歲多時，菲籍女保姆告訴她，當她在哄我睡覺時，唱了一首聖詩後，我便絲毫不差地（應沒有走調吧？）把整首歌唱一遍。菲傭姐姐對媽媽驚呼：「太神奇了，她是個天才！」（過獎了！）

上小學後，我更不放過每個表演機會，甚至要媽媽一同參加親子表演。有次學校舉辦一個「中華文化」親子表演，媽媽建議我朗誦《陽關三疊》，她彈古箏伴奏。之後，我便和媽媽一起學古箏，遇上外國學校來學校作交流訪問時，我便代表學校表演古箏。除了古箏，我還學鋼琴、結他等樂器，但都不適合我愛動的性格。

我喜歡跳舞，還未懂走路（也是聽媽媽說的），聽到電視劇主題曲，便手舞足蹈。還未上學，也自創舞步表演給家庭老師看，她還以為我已經上舞蹈班呢！結果，媽媽便送我去學芭蕾舞。怎知芭蕾舞初班教的都是基本動作，很悶啊！還有去跳舞學校至少要乘半小時的車，每次去到，我都在車上睡着了，真的很累。我喜歡可以自由發揮的舞步，如爵士舞和街頭舞，終於在高中時參加了學校的舞蹈班並加入校隊。到高中最後那年，因要考公開試，媽媽建議我退出校隊，並請老師教我跳獨舞，省些時間溫習。結果我以個人身份報名參加校際舞蹈節比賽，卻想不到拿了銀獎（驚喜）！

除了唱歌跳舞，我也從小喜歡演戲，如拿着報紙唸新聞模仿主持，用不同聲音扮演幾個角色說故事給弟弟們聽，還自編自導教他們做木偶劇……。媽媽為了讓我有更多學英語的機會，小學時便送我到全是外籍導師的課餘活動中心參加朗誦和戲劇班。每次上課後我都把剛學的英文詩唸給媽媽聽，還配了老師教的手勢。到中學也繼續參加校外的戲劇活動，也在英國聖三一學院的「戲劇及演說」八級考試中拿了優等成績。

當我入讀香港中文大學，我主修英文，選了一科「戲劇」。作為那科的功課和考核，我代表大學參加「世界中文大學莎劇比賽」。想不到在四十多間來自不同地方的大學參賽隊伍中奪冠，並獲「最佳女演員獎」，因而獲大學提名我獲取政府獎學金，也獲不少劇社邀請我擔任女主角。比賽時，除了母親，連平時工作繁忙難得見面的父親也在場，親眼看到我的演出，成為我人生的轉捩點。在報讀大學時，我曾想主修戲劇，但父親認為我只是一時的興趣，將來畢業很難找相關工作會後悔，所以要我讀一些出路較闊的科目。自從那次，他認同我在這方面的潛質，放手讓我在演藝界闖一下。

為夢想，我不停試演、試鏡，屢敗屢戰。終於，我幸運地入圍了張達明導演的角色初選，而最終竟由分演八場，變成單獨演出十六場的第二女主角，更想不到該劇是香港話劇團的開季製作，也是首演，就是由蘇玉華小姐當第一女主角的《塵上不囂》！因該劇認識了張導演，繼而由他介紹我參與由古天樂、袁詠儀、吳鎮宇、吳肇軒和他主演的《家和萬事驚》的試鏡，並獲錄取飾演兩位影后和影帝的女兒。我的二次人生就這樣開始了！

圖片提供：《Jessica》雜誌

【第四章】

當下篇之不變

沉脂者

肥人 ◆ Freelance

我為甚麼存在？因為我思考。你不知道肚腩是男人的第二個大腦嗎？我可比真的大腦更接近其人格，更懂得一個中年男人在想甚麼。是的，我很醜，但我對男人很溫柔。至少我不會勉強他做任何勉強自己的事。放工筋疲力倦時我鼓勵他喝一杯冰凍啤酒，就那麼一杯啤酒，救贖了他多少個夜晚？令他不至於覺得一整天勞役純屬虛無。當然我沒有蠢到不知道他也有甩掉我的念頭。每當他沖涼後照鏡時那嫌棄的表情，唉……我懂的。當中不無摻雜着對健康的憂慮。可念頭終歸念頭，一個成熟男人之所以成熟，是因為他很會與自己的幻想、無能與劣根性相處，正如很會與自己的肚腩相處一樣。他不時幻想自己有朝一日變成運動健將，滑水滑雪單 road bike 潛水辦辦掂，就好似你也幻想過和彭于晏交換人生，但你會相信自己變成彭于晏吳彥祖嗎？不切實際的想法就停留在想法吧。每晚OT完再練跑？一杯啤酒就廢了一星期的努力，不化算！明知雙腿容易抽筋，跑一個鐘，痠痛三日，不化算！難道消滅了肚腩就不是大叔了？就不會被少女嫌棄了？為了健康？如果他根本不希望自己長壽呢？所以他寧願晚晚打機煲劇飲啤酒，明知這是一種慢性自殺，也要捍衛自己那三兩小時的卑微空間。當然他也知道這是對家人不負責任的行為，但他肩上的責任還不夠多嗎？可能世上亦只有我會同情這個男人，那為甚麼他依然恨不得想我消失呢？但不要緊，我太了解他了，他一直只想不做，就讓他繼續沉思藉口，而我繼續存在，我思故我在。

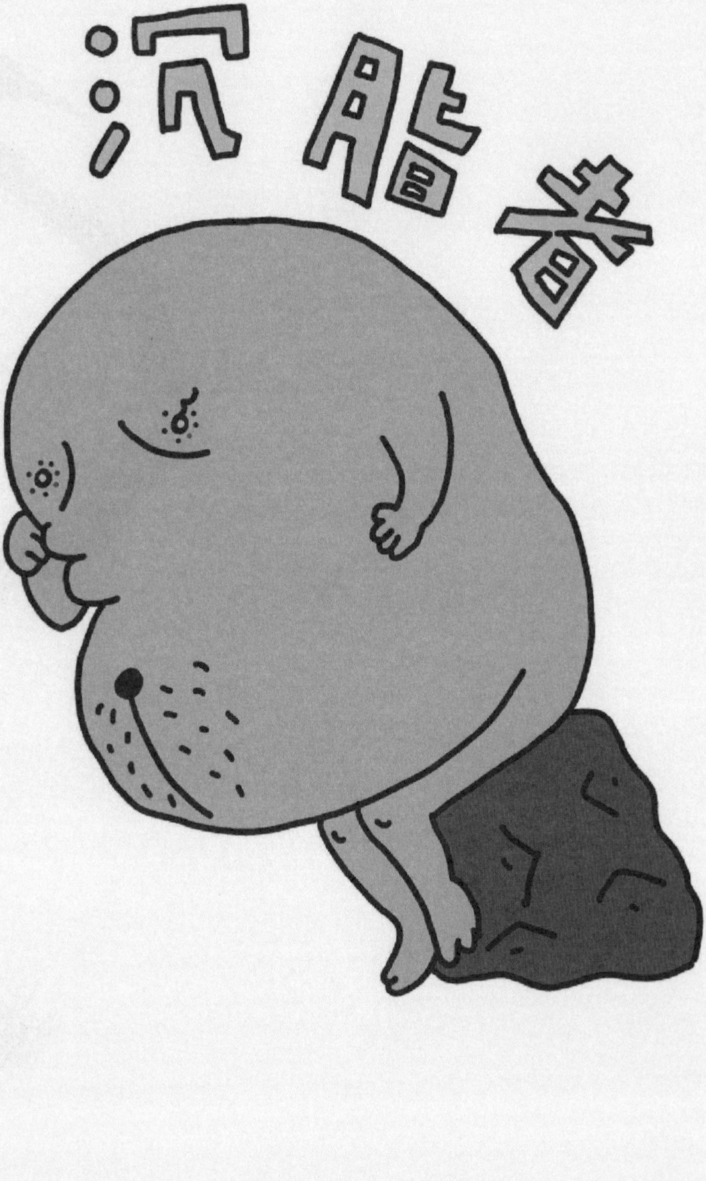
沉脂者

碎片再創作

梁嘉琪◆演員 主持

二次人生，是第二次的人生嗎？

可以的話，太爽了吧。我每日都有着無數大的小的決定會質疑、後悔、自責，希望有重來一次的機會。有誰沒想過，人生重來，會是怎樣，但，如真有這個魔法，我會選擇在哪一年、日、刻重來呢？其實，我也不敢貿然下這定論……就算改變了那一刻的處境，往後的發展就會不一樣嗎……

想來想去，自問不算是太任性的人，每一刻的決定，都是當下認為是最不會讓自己後悔的行動，結果懊惱了，只是因為不似預期吧……

如將二次和人生分開解讀，又會是怎樣呢？

在網上打「二次」兩個字，除了彈出世界大戰這個關鍵詞外，便是二次創作了。「二次創作」，即是基於原有作品加入新的素材再改編，保留其本原素但又有了新的基調。

而人生，我的看法是由無數的時間、經歷、關係、情感的碎片而組成。亦有人說，人生是不同時期的苦難所形成。隨着年紀漸長，對這一句令人戚戚然的話也多了點感受。畢竟，成長過程中，碰到挫折、無法掌握變化的機率漸高，感到遺憾、憤怒、傷心的時候難免比順心的多吧。

但，再多的徬徨失落，我也不願拿走任何一塊碎片，縱然它們有些曾經割傷過我，令我受傷。但抹去這些印記，實在是太對不起當初努力撫平傷口的自己了。

反之，我會珍而重之舊有的，再期待新的碎片來臨。這些碎片，每一塊都不同大小、不一樣的切割面、不同閃爍的程度，像鑽石一樣寶貴。我會隨着時間將它逐一的貼上，二次創作出屬於我獨一無二的作品。它的光芒或許比不上別人的，但足以照耀我往後的路，心足了。

我不需要第二次的人生，但我需要二次創作的人生。

我的版權是屬於我的，我會用未知的未來繼續自我創作，不時加入新的元素為自己重新演繹，可能還會有些不能避免的被惡搞，但人生有些小玩笑才夠驚喜吧。

在二次中再追求二次，和更多的二次，不斷的轉化，才算得上精彩。

擁抱馬拉松的精神

雷雄德博士 ◆ 香港浸會大學體育及運動學系副教授

馬拉松長跑興起多年，似乎大家忘卻了「馬拉松」的意義呢？忙忙碌碌的香港人為甚麼去跑？去拼？去挑戰？我內心總是充滿着一份欣賞，我欣賞跑手的堅韌不拔精神，欣賞他們的毅力，欣賞他們的鬥志，更欣賞實現自我價值的勇氣！人類如果沒有那份勇氣，根本得不到今天安逸的生活！我欣賞航海家麥哲倫，他的毅力和勇氣解開了地圓之謎；哥倫布發現新大陸；鄭和率領船隊遠征，為中國人開拓商機。沒有這種冒險，人類就無法得到真正的成長。

重拾「馬拉松」的精神，不得不多謝「現代奧運之父」顧拜旦先生。百多年前，一位法國的年輕人，他非常熱愛運動，他受到古希臘和羅馬傳統遺產文化的影響，深信「文化」與「教育」能夠讓現代人找出實現自我的崇高理想，探索生命的價值，提倡了現代奧林匹克運動會，「馬拉松」的精神也得以延續下去。

「馬拉松」是現代奧運會的象徵，顧拜旦先生提倡的奧運格言「更快、更高、更強！」在我們日常生活裏，你又用得着嗎？我們有眾多的目標需要去實現，例如學業、事業、金錢、家庭等等，如此多的目標，施加於一個短暫而脆弱的生命，無疑是對生命最強而有力的挑戰。正由於生命之中有了各種挑戰，於是勝利帶來喜悅；同時，亦會有失敗之後的沮喪，在這過程入面，促使我們產生屢敗屢戰不屈不撓的毅力，亦使到生活充滿意義、燦爛和可愛。同樣，參與馬拉松的跑手，如果要享受勝利，首先就要學習承受在獲得成功之前所有艱苦經歷。事實上，馬拉松的精神不在乎戰勝對手，如果真的要找出對手的話，那麼，真正的對手就是「自己」了。

健康的身體並不是與生俱來的，「終身運動」是要靠我們的馬拉松精神培養出來。忙碌的香港人，往往欠缺了對生命價值的一份「欣賞」，沒有欣賞，價值亦隨之而失去，我們的文化也相繼停頓下來了！人生好像一個「馬拉松」，讀書學習就是準備和訓練，備戰不足便會落後。跑倦了，何妨停下來喝喝水，休息一會，又再繼續向前跑吧！

生命都係需要一種韌性，也需要一種硬度。馬拉松的精神令人產生不斷追求，這樣，生命因此而被強化起來，更能夠實現生命的本質。「生命在於運動」，或許應該寫成「生命在於馬拉松運動」，無疑是對人生價值和意義最點睛而到位的詮釋。

我尊敬參與馬拉松的每一位朋友，雖然彼此不認識對方，但我佩服您實現自我的勇氣！馬拉松的精神必定會帶來無限喜悅！朋友們，加油！

收成期 vs 收皮期

Globe Trotter ◆ 市場推廣

當編輯找我分享「二次人生」的時候，我奇怪她為甚麼選上我。我跟她說我好像沒甚麼值得分享，因為我當刻仍然待業，年紀不輕，經歷不太正常。

但甚麼是正常呢？我們在電話裏聊，我做過不同行業，久不久會辭職去旅行，挑戰極限運動，我享受一個人，一個人看電影一個人旅行、爬雪山、跑二百五十公里越野馬拉松。不走一般的路也是一種選擇，我只做我認為值得做的事，而不是外界定下來的值得。

我在美國唸機械工程，夢想進入 NASA 工作，但發覺進 NASA 一定要美國人、要查家底，於是我便選擇第二志願加入了一間美國車廠。回到香港，要學以致用的空間很少，我輾轉開始了做 marketing 的路。第一份工作是在一間 OEM（代工生產廠商）做 marketing，那間公司做郵戳機器、入信封機器，其實都頗有趣，可能因為我有工程學背景的關係。當我找工作，有時人力資源顧問會問：讀 engineering 為甚麼去做 marketing？我的回答是：點解唔得？

偶像是達文西

三年多前，我爸爸心臟病發入院，家人永遠優先，我無奈拋開工作照顧他。他是家中的伙頭大將軍，他生病我便負責膳食。但老人家很固執，復康又不肯做，各種壓力使我出現抑鬱。我用旅行去舒緩情緒，覺得可以重新出發便開始找工作，但履歷都像發到黑洞去，杳無回音。去找顧問公司，年輕的顧問看着我的履歷，不知道如何處理我的 case，因為他們不知道該把我放入哪個箱，我感覺似異類。

大多數香港人的 career path 是縱向的，例如你做 marketing，你在零售行業就一直在那個行業向上，很少是在不同行業轉移。但我做過很多行業，包括 IT、電訊、教育、博彩等，發展是橫向的。人不一定要被放進單一個箱子裏，就像我的其中一個偶像達文西，畫家、發明家、建築師等等的箱子他都可以。現代一點的例子如維珍航空的 CEO Richard Branson，SpaceX 和 Tesla 的 CEO Elon Musk，他們都做過很多不同行業，也不是全部成功，但經過不斷嘗試，終於找到自己最能發揮的工作。我相信 career path 是自己有份創造的，對新事物抱有好奇心並勇於嘗試，橫向的都可以是一種進步。

期待下一挑戰

為了使自己有精神寄託，我在網上自學手作工藝。我找到樹脂（Resin）這個材料，製作出不同的家居器皿如放麵包、芝士的小砧板、小碟，拿到藝墟同網上去賣。我不是想轉營做藝術家，我把它當作一種嗜好、減壓，而當有人讚賞東西很美時，我會很開心，這就已經值得。

我曾經消沉過，但看見年輕人在社會運動中那種意志，我感到被鼓勵。我更主動一點，參加一些義工活動，其中一個活動的主辦人問我：「你咩 story？收成期？」我答她：「收皮期就有！」

我這一刻最希望的就是重回職場，生活重拾規律。我會否找到一個港版 Elon Musk 的老細呢？

安住

70A ◆ 銀行家
自由畫家
家庭主婦

我的禪修老師常說：Just Be！安住，意思就是安住在現在，當下！

當下，到底我是誰？是人妻？人母？人女？家庭主婦？自由工作者？金融從業員？修行人？還是……甚麼也不是，也是甚麼也是。

小時候把很多概念塞進腦，現在是把概念變空。

我這個七十後，基層家庭出身，一家七口只有老爸一個人養家，輪候公屋卻因剛剛加薪超過入息上限一百元而一生輪轉在私家樓住屋問題上。自小的我已有着港女的雛形，阿媽一早已經灌輸沒有錢便沒有命的理論，所以早早就已訂立好讀甚麼做甚麼都是為了最快達成有錢有樓有車為我人生目標。明明喜歡藝術但走去讀數理，望的是考入工商管理，做的是搵快錢的投行，務求要最快賺到錢買樓買車以最短時間完成人生願望。

七十後剛好遇上九七改朝換代，依依不捨菠蘿包蛋撻帶上飛機，以最短時間完成大學；風風光光午餐大喜慶魚翅撈飯，開紅酒去蘭桂坊夜蒲；至股市樓市過山車，經歷日復日年復年朝八晚十一，由和記香蕉到 iPhone，高位買樓又經歷負資產；結婚生仔又離婚；當日戰友一場 SARS 永久別離；爬上高位又經歷裁員；一個又一個金融風暴，然後又另一個新經濟模式。

時間好像過去得越來越快，事情也就是輪迴中似是新鮮又像再次出現。

SARS

薛丁格的二次人生

Buu Tsang ◆ 未自由工作者

如果有二次人生，你要開始嗎？如果沒有，你想要繼續維持現況嗎？

「薛丁格」是形容一個事物的狀態的詞語，意思指同時存在「生」與「死」的灰色狀態。源自奧地利物理學家薛丁格一九五三年探討量子力學的思想實驗Schrödinger's Cat「薛丁格的貓」。思想實驗是指沒有真實的要做出來，只是沙盤推演。估計科學家沒有特別針對貓來寫，只是剛好手邊有貓就討論一下。實驗是如此寫的，一隻貓與炸藥被放在特製的盒子內並存着，而這個盒子裝有機關，會隨機地引爆炸藥，在打開的時候也許會引爆炸藥，但也許不會引爆。因此這隻貓也許是生，也許是死，只要不打開永遠也不會知道是生或是死，也許本來是生在打開查看時候變成死。解釋大概是這樣，嘗試尋找一個矛盾同時疊加的狀態。

話雖如此，其實這也可以是一個哲學思考的命題。如果有這一個箱，你要不要打開？要不要試試去拆彈？最好還是不要干涉吧？至少貓在箱子內是活着的。如果出於善意拯救反而害死了牠，算不算作惡？等等……哲學家也許想探討人是善與惡，而佛法討論的是「忙着去討論善與惡」只會帶給人痛苦。承認世事無常，有善也有惡，大部份事物本意其實是灰色的。是善或是惡屬於觀點與角度。所有人建立的事物始終不會長久，只要沒有人再去維持就會倒下。例如這一頁紙，如果沒有特別保存，也會有塵，也會發黃，也會被浸濕，也會腐壞。

現在是最好嗎？如果有二次人生你要開始嗎？觀乎過去的經歷，能否做得更好？也許只要不作為不選擇，也許現在是最好的。如果沒有，你想要繼續維持現況嗎？大概二次人生是同時存在與不存在的「薛丁格」狀態。人生大概是一條既有盡亦無涯的單程公路，每個時刻都是獨立，但又是連續的。但已經過去的，無法改變，將來的，可以估計但無法預知。正如你觀察到這一頁有文字，在你還未讀的時候，不會知道內容是甚麼。讀到這一行字的時候，時間已經過去，無法改變，但將來是未知的。但你大概可以預期到這一頁還有多少到達句尾，可是沒有閱讀前不會知道確確實實是甚麼內容。在這個單程公路上，如果一直盯着倒後鏡，不會看清前面的路。亂走一通，也不會知道駛去哪裏，也不會到達目的地。

薛丁格盒子對科學家而言打不打開固然重要，但在於我其實不重要。車是屬於誰，誰就有全權控制，沒有人可以取代宇宙唯一的每一個駕駛者。重要的是執行、體驗與經歷每一秒的二次人生。

行步見步——舞蹈共融的道路上

鄭慧君 C+ ◆ 共融舞蹈導師

「When you want something, all the universe conspires in helping you to achieve it.」（當你真心渴望某種事物時，整個宇宙都會聯合起來協助你完成）

Alchemist - Paulo Coelho。

多年前讀過這本書，一直記着這句話。

約十年前因為連續兩次意外，造成盤骨移位而行動不便，也發現了膝蓋軟組織和骨刺的問題，被迫暫停我最愛的興趣——跳舞。我想：如果身體有限制，那可以怎樣跳舞？這個念頭使我走上舞蹈共融的道路。

我大學畢業後開始在社會服務機構工作。第二份工作樂施會「貧窮源於不公平」的概念對我影響很深，使我認識到很多社會的問題非在個人努力與否、幸與不幸上，不公平的制度和政策可能更關鍵。我於是開始進修讀社工，後來的工作也比較集中在充權、倡議的工作。

任職社工時一直維持工餘時間上舞蹈課。除非病得要命，否則也會上課；有時病了，也會要求導師讓我坐在一旁觀課。到自己因受傷而行動不便，還真的要停下來不能跳舞，不論任何天氣季節都以雨傘當手杖、不能坐上層巴士（年過七旬的父母坐上層、我因難以行樓梯故坐下層），又或因活動地點在長樓梯外而未能參與。我體驗到身體的限制會令人做不到想做的事。這也引發我想起「如何讓身體有限制的人士都可以享受舞蹈」。我很希望可以再次跳舞，向天父祈禱：「求祢讓我可以再次跳舞，並可透過舞蹈服侍別人。」不能跳的日子，看看錄像、腦海想像舞蹈畫面。九個月後，醫生說我小心點的話可以再次跳舞！

有一次我在舞蹈期刊看到一篇關於香港第一個舞者去學習 Dance Ability（舞動所能）的文章，發現原來有一個方法可以讓任何不同身體特質的人士跳舞！我上 Facebook 聯絡他，後來獲介紹去一個共融舞團，當中有肢體、智力、視覺、聽覺或心理上有限制的團友，大家很融洽地起舞。我發現這不單是一個舞蹈方法，更是真正的共融平台，因為「沒有任何人被排除於外」。我從舞團成員開始，三年後成為舞團統籌。當年放棄了另一份薪水雙倍的社工工作機會去當舞團職員，作為家中唯一經濟支柱，心裏的確有掙扎。但心想都快要四十歲了，若溜走了眼前的機會，日後年紀更大便更難作出轉行的決定。結果踏出了這改變的一步。多謝機構資助我去修讀 Dance Ability 導師認證課程，之後還有機會在本地及海外演出和任教共融跳舞。去年第四季開設了自家工作室和舉辦每月共融舞蹈活動。

別人覺得我在工作上起了很大變化。表面上，是的。回想起來，這並不是個突變。由我踏入社會服務工作、修讀社工、愛上舞蹈、受傷、接觸共融舞蹈、得到進修和入行的機會，似乎都不是很刻意安排的。但當我立定心志很想人人皆可享受舞蹈時，過往的經歷和之後發生的事情卻容讓我一步一步的前行。

不是見步行步，是行步見步。

人生……keep going！

戴偉◆音樂人

我本來就是典型的香港男孩，中學讀理科，順父母安排下去最多人留學的加拿大讀大學，讀最熱門的電腦科，之後回香港打ＩＴ工、穩穩陣陣過一世，這樣媽媽就最開心。

不過我一直知道這個穩陣人生裏面還有一個 underlying 的人生，就是玩音樂，最好一起身擘大眼、牙都不擦就開始彈結他作曲，上完堂再去上音樂堂作曲彈結他、食晚飯睡一會又起身彈結他作曲……直到永遠！是否真的沒可能？何時可以將這個心願實現？我自己都沒有答案，回到香港要交租食飯，當然打回ＩＴ工啦。

不過我心不死，一有機會就去玩音樂，去赤柱街頭玩、去參加作曲比賽、去唱片舖做 sales、去電台做文職，贏到比賽又辭職做全職作曲人，「卒之」等到有人出糧給我們（當時的組合 aDay）做音樂，就一年多啦！不過我沒有放棄到，因為我見到原來好鍾意好鍾意好鍾意好鍾意之後慢慢會找到出路，於是做了一個廣告配樂之後又接到一套電影配樂，就這樣「卒之」可以做到我好鍾意做的東西，現在還變成我的職業。

所以我覺得二次人生並不是一個突然去了二次元空間，而是好似有本書講有個曠野期，要慢慢走、好有耐性一直走不要放棄，好攰都一直走，不知走到何時，總之不要走回頭，（起碼十年吧），然後突然之間天光啦？捽下眼睇？終於到了……

說到這裏，如果你認為我很想和第一人生切割又其實不是那回事，我覺得兩個階段都是一個過程，人總是從早年學到一些東西、反思一些東西、沉澱一些東西，才會一直成長，然後找到自己，才有機會實現自己的理想，所以其實不用完全討厭或者抹煞早期的自己，哪怕係學到一丁點的得着，你已經要好好多謝自己一直一直一直的努力了……keep going！

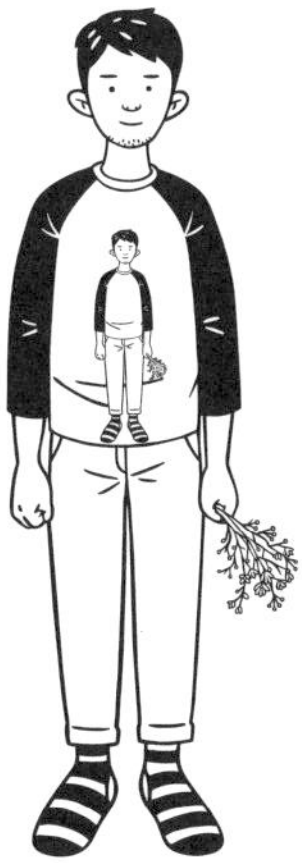

不去犯錯是最大的錯

韓子祺・廣告創意指導

能夠有第二段人生，是好事，因為代表你有第二次機會去解決過往的問題。我們喜歡幻想：如果事情能夠重來一次、兩次、很多次就好了，因為如果從頭來過，事情一定會變好。但真的這樣嗎？人們喜歡重複犯錯，甚至犯同一個錯誤。我們一直學習，但又不會汲取教訓。或者，錯而不改，正是人的天性。

宇宙既神秘又奧妙，總有規律及秩序。世間萬物總有其因由，沒有所謂偶然，甚至沒有好與壞，對與錯。所有的因，集結成全部的果，所以說是連鎖反應、因果、或者蝴蝶效應。若你將錯誤視為錯誤，那個錯誤才會成為錯誤。它是個人情感的一種反射，唯有你覺得它存在，它才會存在。那麼，它確實存在嗎？「錯」總有其目的。痛，使你受苦。你討厭這感覺，但你開始會注意它。若你夠聰明，就會去改進，從錯誤中學習。因此，不去犯錯，其實就是最大的錯。

無論是理性還是感性，背後總有不同原因驅使我們作出不同選擇。是大腦還是神經驅使？那就不得而知。其實，背後的真正推手是你的潛意識。潛意識可以不動聲色地影響你的人生。這個微小卻鏗鏘的聲音，甚至會在夢中與你對話。下次當你做選擇時，不妨聽聽這種聲音。

九十年代，曾有人對美國二十位億萬富翁進行一項實驗。研究人員想知道，如果有日他們的財產突然化為烏有，他們會有甚麼反應。結果毫不意外，大多數富豪都堅信兩年內可以東山再起。我深信，你的世界，是由你的思想與內心建構而成。同一個人，假如價值觀、知識和成長經歷不變，不管人生再來幾多次，他的命途都不會有太大改變。

純真的心，永遠是最寶貴。這顆心，能讓生活變得豐盛。正如前面提到，第一次永遠是最好。因為對一個呱呱墮地的嬰兒來說，眼前一切都是新奇有趣，令人興奮無比。前面那未知的前路，正是你人生最大動力。

你只可活一次。人生之所以寶貴，是因為人一生，其實沒有太多選擇的餘地。沒有選擇的好處在於，它使你更專注。因為時間有限，因為非勝不可，所以你會更有決心。我不需要第二段人生，因為我活在當下，我會盡全力讓自己每日，都活得比昨日好。

【第五章】

當下篇之不斷變

Hi

召南◆自由創作人

如果可以重來一次，我希望那天有上前跟她打招呼。

她是我的大學同學。起初對她的印象是文靜、溫柔的女生，總把笑容掛在臉上，很有親和力，伴隨着引人注目的五字姓名，她身邊不乏好友，即使我與她不是同一個朋友圈，偶爾也能聊上幾句話。才發現她並不如我所想的是那種典型溫文儒雅的中文系女生，亦莊亦諧，有時不期然迸出一句俗話，驅逐了人們表面而客套的拘謹。我們都喜歡這種真情實意的人。

但始終，我和她不算相熟，畢業後大家便各奔前程，沒有了交集。再次碰見她，已是畢業後五年，上年八月的時候。剪了一頭短髮的她依然颯爽綽約，精靈的眼神仍閃爍，只是不知是因歲月洗禮，還是處於正值兵荒馬亂的時代，臉上明顯掛上一層疲倦，有種勉強支撐着的感覺。我想那時候大部份香港人都是這樣子吧。而我因工作一天後下班，看起來也有些狼狽，想着熟悉而又陌生的對視，又一時想不出話來的尷尬，便選擇默默地拐彎離開。心裏只暗忖一會兒在社交平台跟她打個招呼，說不定比較能聊得開呢。

只是那天晚上我也沒有給她發短訊。真正跟她聯繫的那天，是收到了她受重傷進院的消息之後。正值開會期間，我收到了同學們的告知，當下就愣住了。同學在述說她的情況，為甚麼會被傷害，傷勢大致如何，危險期還未過……沒待聽完，我的眼淚已不自覺地流下來。聽到她肺部被刺穿了的同時，我彷彿也喘不過氣來。那天，很多人都在不安和悲憤中度過。

但我有的更是無力感和內疚。對於她所遭遇的，身體所承受的疼痛，我沒法真切感受，更沒法想像她心理埋藏了多大的疼痛。如今這個城市太多傷痕，時間不足以讓傷痕癒合。我終於發出第一條信息，問候、鼓勵，同時告解，那天沒有跟她打招呼彷彿成了罪。如果我沒有轉身離開，事情會否變得不一樣？如果世事都由蝴蝶效應牽引，也許那天她就沒有到那個地方，也許那天我會約她到咖啡室聊天，也許那天我會和她在一起，說不定能夠幫忙抵抗壞人突如其來的襲擊……

我一直以為下次我們會再相遇。如今我還能夠期望明天嗎？原來「明天」和「意外」，我們永遠不知道哪個會先到來。

我多希望能在悲劇發生前重遇。那麼就可能不至於這麼懊悔。或者如果還有下一次，我希望我沒有轉身離開。

一週後，我收到她醒來後的回覆短訊。我再次按下發送鍵，送出第二則短訊。

隨意門

Leo Law◆自由工作者

"When one door closes another door opens; but we often look so long and so regretfully upon the closed door that we do not see the one which has opened for us." - Alexander Graham Bell （電話的發明者）

「當一扇門關閉時，另一扇門會打開；但是我們仍不斷回看着那扇閉門，很遺憾地看着那扇關閉的門，以至我們看不到那扇為我們敞開的門。」

人生「無常」。一生必有起起跌跌（如果你無遇過，才是人生悲哀）；我經歷過多次人生，遇上過多次關閉的門，也打開過一扇又一扇的門。

二〇〇六年，在非常熱愛的廣告工作中面臨種種挫折、失敗及冷言冷語……，在人生中，雖然不是第一次遇到挫折，但再遇上的時候，心仍是心心不忿，在一片迷惘中，最後就是離職，黯然離開公司；在跌跌撞撞地找新工作，最初北上廣州廣告公司工作，由於文化與個人性格不習慣下，很快便回歸香港，幸運地又遇上一份全新的電視台工作（這職位連電視台也是新的嘗試），戰戰兢兢、開開心心、碰碰撞撞地又在電視台做了約半年，當中令我學了廣告以外的知識，作了電視上新嘗試及非常難得的工作經驗，認識了一班朋友，新的門一扇關又一扇開了。

「神奇的門往往會在你不經意的時候打開。」

在跌跌碰碰的日子裏，唯以 freelancer 身份生活，突然在街上偶遇一位舊廣告公司同事，她突然談起想搞個手作市集，有趣的想法使我立刻答應，在之前我從未做過真正的手作（以前只是在藝術學校做過一點如陶瓷、木雕……功課），我們借用了一間法國小商店作為場地，集合幾位手作人，那天我裁製了十個 tote bag，上面縫了一些鈕扣、繡花、線，並在上面畫了圖畫，就此大家開開心心玩了一天；從此之後令我對手作大感興趣，我們便相約去找地方做工作室，原本計劃找一個小小的房間做工作室，但三番四次都找不到合適的地方，就在此時，幫忙找地方的地產代理好奇地問，有個小店舖位很合適，但不是一個房間，我們心想，「好啦，反正來到就去看一眼啦！」當到達小店舖前面，在後街不足百呎的小店，一塊落地大玻璃，內裏剛好可以放置一張工作枱，大家對望一眼，我們就立刻租下；神奇的門就從此刻打開，這裏成為我們的工作室，也成為當時香港唯一間售賣手作的店舖，百呎小店內裏竟然存放着二十多位手作人的作品，在這裏作了很多前所未有的新經歷，搞了多次的街頭市集及工作坊，遇上不同的人，有遠至台灣、上海、加拿大，他們都是為了來看我們的手作，這一切令我人生有一百八十度的改變；其後，離開手作店去作其他新嘗試，神奇的門又再一關一開，新經歷不斷繼續，雖然今天的人生仍是跌跌撞撞日子，但我仍相信「當一扇門關上時，另一扇門會打開的」！

My dream

Umi◆自由創作人

不再執着名利和關係，能獨自去一次公路旅行，邊走邊看，呼吸遠離煩囂的空氣。

二〇二〇，朱景晞，加油！

朱景晞 ◆ 自由人

在二〇一九年的年尾，我做了一個我的人生中較為重大的一個決定。我選擇了退學，原本的我就讀IVE的高級文憑，退學這個決定是在某次和家人的聚會傾談得出的。還記得當初報讀高級文憑時，我希望自己可以在報讀演藝學院之前，確保我有書讀，希望可以學習更多書本上的知識。所以當時我決定退學，自己都有少少猶豫，究竟這個選擇是不是一個對自己最好的安排？然而我回想起經過這大半年的社會運動，我更加明白到「學歷」並不是最重要，學好做一個「好人」才是我們一生最需要學的事。當然，我不是要否定學歷的重要，只不過我不是放它在第一位。究竟半年內我所吸收的知識，是不是我真正想得到的？我希望在退學後可以更專注地裝備自己，回想起以前的我其實有很多事情想做：「羽毛球教練」、「演員」、學結他、學車等等，但是都是「想」和「講」而不去「實行」，這是我其中一個缺點。

我人生有一位很重要的朋友，亦都是我的「大佬」，我們聊天時亦提及到我們要「成為自己人生的導演，導好自己的人生」，我好希望可以突破到自己，成為一個更好的朱景晞。這大半年的社會運動令我對於自己的人生方向有更加清楚的目標，運動所為我帶來的失望、不安和悲憤，時刻提醒了我要保持對於自己的生命、生活的熱情之火，不要愧對自己的生命。

二〇二〇年的我有幾個新的計劃：好好訓練自己的羽毛球技術，以助我考取教練牌；多看書，為自己裝備、準備自己的心態，準備面試香港演藝學院。與其在學校中學習書本知識，我寧願選擇走出去，從生活中學習，我相信我會更開心，更滿足。無論這個選擇是否對自己「最好」，我都不會後悔，因為這是我的選擇，既然覺得可行就要去做，既然清楚自己方向就要「搏盡無悔」。

二〇二〇，朱景晞，加油！二〇二〇，香港人，加油！

重拾

樹強 ◆ Account clerk

今天已經是第四百五十七日上班，每星期一至五，早上九點到公司，吃早餐，沖咖啡，跟同事閒聊幾句，就開始一天的工作，處理上星期未完成的工作，接手新的工作，跟客戶接觸一下，忙東忙西，很快又到午飯時間了，趕緊出門去買外賣，從每星期改變一次的餐單中選擇，拿着A餐咖喱牛肉飯，坐在公園中的一角，看看天，看看樹，看看其他人在聊天，不理警告的人在餵食肥到走不動的白鴿，腦袋中一片空白，想起昨晚看過的爛片，再滑手機至凌晨四點才捨得放下，想着想着，很睏很睏，快點把雙眼合上……突然手機的鬧鐘響起，午飯時間已過，趕緊返回公司……

下午跟上司開了一個小會，被督促要追趕進度，文件上出現的錯漏，回自己座位，再繼續處理未完成的工作，到茶水間聊一下同事的八卦、上司的可惡，又再繼續工作，晚上七時半了，同事們八八九九都離開了，我也執拾了一下枱面，收工回家去。

拖着疲累的身軀，到美而廉的速食店，解決了晚飯的問題，到喜愛的玩具店逛，新的玩具又到了，但想到房間中，除了睡覺的床，其他的空間都堆滿了心愛的東西，只有將拿上手的先放下……

回到房間，坐在書桌上，準備看看動畫放鬆一下，突然有東西從上面掉下來，原來是一本繪圖筆記，翻開一看，已經沒有動工超過半年了，一年前，朋友參加了一個動畫資助項目，我修讀美術的背景，及對日漫的熱愛，被邀請參與故事及分鏡創作，大家不問報酬，共同努力，花了很多心血，但幼嫩的橋段及講解技術，敵不過嚴格的評審，最後都是失望而回，各團隊成員之後各散東西，為了生存而繼續做着不一定喜歡的東西……

鬧鐘又響了，趕緊出門，回到公司，重複着昨天的工作，跟之前一式一樣的東西，午飯時間到了，吃着B餐，想着想着，不知道為甚麼，有東西在眼眶裏掉下來，原來，我對生活，還是會有感覺，還想做自己喜愛的事情，下定決心，今晚要把筆記本再翻開，重新來過，試試把故事完成得更好……

四十歲那年

J.T. ◆ 全職復康

四十歲那年，有點樽頸，心裏忐忑是繼續當機構的主管，背着越來越重的行政工作，還是怎樣。

掙扎過後，我報了名到台灣唸書。心想，報了名不一定收，不報名就一定不會收，如果收了，屆時再算。

結果？就是我離開了工作了接近十六年的機構，前往台灣，當全職學生唸一個兩年的佛學研究的碩士課程。

沒有婚姻、孩子和房子，要離港也沒有很大的包袱。唯一的牽掛，是把養了九年的三隻貓交託到別人照顧。家中的行當，送得的送，捐得的捐，拋棄的拋棄。我沒有學習過斷捨離，但當擁有的東西越少，的確覺得愈輕鬆。

二〇一五年九月，我帶着兩件行李，飛到台灣開學去。

離開一份從事了十多年，位高且頗從心所欲的工作，以及安穩的生活，去唸一個冷門的科目，有些人可能覺得奇怪。我選擇在還未到退休的年齡和條件時作此舉，就是希望學習過後，仍然有魄力和動力，繼續投身社會。

能夠在腦筋還可以的時候重投校園懷抱，是開心的。擔心的反而是自己獨居多年，忽然要有室友「同居」，還要過着有半修道式的有紀律及作息時間表的集體生活。新的生活模式慢慢習慣了。開始的時候的確戰戰兢兢，因為對佛學研究我其實沒有很深的根底。我對自己說，即管盡力。我很阿Q的相信，只要努力付出，應該不用包尾。即使包尾，也應該有學到一點知識吧？這不正是我來的初衷嗎？

在香港成長，被填鴨式教育多年，學習的目標是考試和考大學，從未正正經經地為長知識而求學。在台灣的兩年，不但沒有考包尾，更學了很多一直有興趣，但沒時間鑽研的東西。例如生死學、安寧療護，還有最後成為我研究題目的「佛學與殘疾」。

兩年很快過去。二〇一七年，夏，我回到香港，開始找工作。見了第一份工，不久便確診患上乳癌。

我很快便接受了患病。可能是因為過去兩年的經歷與學習，生、老、病、死和殘疾的經驗最正常不過。病了便醫，又不是沒得醫。反而家人會問：「點解？點解是你？」我只輕輕的答：「點解不是我？」

任何人都會病。我正好病得合時合候，不用擔心工作或學習的安排。

專心當了差不多一年的全職病人，吃過了化療、手術和電療的「全餐」，過程不可以說容易，但自覺身處的環境與條件已很理想。正因為生命無常，即使是焦慮與辛苦，也會過去的。

完成療程，雖然仍要長期吃藥和定期複診，但感覺像重生。身上那些長長的手術疤痕每天都提醒我身心健康得來不易。因此，去年當所有手術完成，身體康復後，我心志挑戰自己幾十年來的恐懼：學游泳！

既然癌症治療都能夠走過，我覺得沒有理由學不會游泳，儘管信任老師，一步一步來，我只求學得會，不用游得快。如果別人十堂學會的話，我不怕學二十堂、三十堂，我又不是和人比較……相信一定得！

十二堂後，我學會了！現時一星期游水起碼三次，保持運動，而且從未如此享受運動過！

二次元人生

魏華星 ◆ 香港社會創投基金創辦人

「第一次」只求新鮮刺激，而「第二次」才懂細味珍惜。「第一次」永遠搞不清「第二次」為何要出現，而「第二次」總記不起「第一次」為何會消失。然而，「第二次」的出現絕非必然，縱使有，亦得來不易。你，又有細味珍惜你的「第二次」嗎？

數學上，「二次」可以只是重複一次（$100 \times 2 = 200$），但亦可以理解為「二次元」（$100 ^ 2 = 10{,}000$），「回報」的比例卻是天淵之別。戒毒者若能重新投入工作，會體味到前所未有的滿足感；擁有第二段婚姻，更會深切感受家庭溫暖的重要；癌症康復後，一定加倍努力維護自己健康；脫髮的朋友若能髮再生，光是看着鏡子就可教他感觸流涕。（註：無意將婚姻類比毒癮、癌症與禿頭，但某程度上愛情是可以上癮、蔓延和滋生。下筆時剛好情人節。哈！）

假如人生出現可以重來的片段，我更希望可以「二次元」地掌握、感受、體會。

42.195 Km^2

二〇一四年，走在韓國慶州櫻花馬拉松的賽道上，腿部全都繃緊了、腰背疼痛發作，極像造夢時拼命想向前跑，雙腿卻完全動不了的感覺。想不到，跑齡二十多年、曾完成二百五十公里沙漠超馬、北極馬拉松和一百公里路跑超馬等，最後，一個普通的馬拉松也跑得這麼艱辛。終於，算是「食老本」地勉強完成，卻展開了後來五年漫長的休跑、治療和重啓的歷程。

原以為連續十三小時的一百公里應該是跑步人生最艱苦的歷程，現在才明白想跑又不能跑這五年更是煎熬與鬱悶。這幾年錯過的賽程一定比四十二公里的二次元更多，但想不到對於我的人生卻是其中一個最大的學習時空。它挑戰我初心的純度：到底我有多喜歡「跑步」？它質疑我努力的方法：信念堅持以外應該擁有的鍛煉與準備。它教導我如果重啟應有的謙卑和享受的心態。假如沒有這五年，我們機構的社會創新方向，也不一定會重新定位、推倒重來。

二〇一九年，重新完成一次全程馬拉松。太太在終點等我，擁着她、痛哭着。我懂了，原來，我真的喜歡跑。

10 $Year^2$

二〇〇七年，兩個孩子未滿兩歲。深深地看着他們，念着他們將來如何成長，忽然湧起一份强烈感覺：這不就是我第二次人生重啟的機會？假如我想他們將來真誠地面對自己、勇敢追尋自己的夢想，我不是應該先以身作則，給他們演示、身教？有點衝動地，把商業策略的工作辭掉，「香港社會創投基金」正式成立。

二〇一七年，十年過去，身教成功與否，還不可知。若論得失，無論外界覺得我如何犧牲了十年賺錢的黃金機會、甚麼麼商界的重要管理職位，說老實，沒有人能理解我在這「第二次」機會中感受到的滿足；透過合作的社會創新者身上，看到悲觀社會裏的溫暖；在尋找創新改變方法的同時，學會如何為自己、社會創造希望。簡單說：只有得、沒有失。

在這過程，確實參與創造了一些廣為人知、有趣的社會創投例子，如 Green Monday、光房、街馬、鑽的等等。可是，自問這四十多個社創項目的參與，距離能有意義地真正影響社會、解決問題的根源，還是差之千里。

二〇一九年，我們決定告別社企，重新再起步，向着下一個十年進發。

7.5 Million^2

二〇〇三年沙士爆發。二〇〇八年金融風暴。二〇一四年雨傘運動。二〇一九年修例風波。二〇二〇年冠狀病毒。香港社會一直更換不同場景，悲觀看，越覺沒希望。但若拿着一片樂觀的放大鏡，你不難發現很多香港人在逆境中不斷無私地找尋自己貢獻的方法、擁抱心裏相信的價值。如果拿着一個遠觀的望遠鏡，我看到香港可以演進成一個在不同範疇令我們驕傲的模範城市。

香港人從未放棄。無論如何，香港，絕對值得第二次機會！未來十年，我們期望能以一個民間願景為藍本，為「香港 New Urban 2030」而邁進。想像中，我們應該要令不人道的劏房消失；我們要建立一個整全健康城市文化；我們要建立城市農業自給率、社區互助經濟……

在這「二次元」的時光，能否完成整個「跑步賽道」已經不是唯一的指標。我們希望更多主流社會的參與、更多社會變革者出現和更多香港重新看到的希望。The journey itself is an impact！

清談一點點

陳麗璇◆網店創辦人

小學三年級時已經有老師很了解我，在我的成績表操行評語表上寫上：「喜歡說話、活潑好動」。

長大後身邊有人說我「好多嘢講」、有人說我「個樣成日都好開心」、有人說我「crazy」、有人跟我說「你對眼識講嘢」。

今天我自己覺得自己是……

有「冒險精神」；

有十足十的反彈力；

有經歷不是壞事。

我喜歡今天的我多於昨天的我。

多年前因為一次嚴重交通意外，我有機會接觸到心理學和裏面的「正向」心理學。最近我越來越希望我每日在做的事可以有「正向」的人生意義。

以上提及的先天和後天的條件，對相信「吸引力法則」的我來說，當然不想「浪費」我能正面去影響身邊人的天賦。

「正向」兩個字好似好禪、好悶，但其實我覺得可以從生活上開始做，亦一點也不悶。是這門學問令我改變很多，自身獲益良多。

從自己開始做起，正向一點看香港人的情緒精神問題。

情緒人人都有，學習同自己的情緒做朋友，接受並了解你的情緒。

網上世界的影響力實在太厲害、太無孔不入。

我喜歡在自己的網店PO一下我讓人覺得都挺開心的樣子，PO一下我配搭出風格的時尚產物，和分享有趣資訊。推廣產品的同時，亦希望香港人見到新鮮感及美的東西可以輕鬆一點，因為要香港人輕鬆點其實有難度。我會從用心的角度去推介我的網店，一切由心出發。

我的「冒險精神」亦驅使我有一天希望嘗試做清談節目，我現在要努力充實自己，希望有一天擁有一個有吸引力的節目。

我抱着一份簡單直接的希望：希望帶多點正能、多點開心給香港人，希望香港人可以放鬆一點，希望我的風格可以令更多人一齊放鬆心情。

跟大家聊的絕對不會是政治、財經、時事評論啦，因為都是我最弱的一環。反而，我會同大家一齊研究「氣質」——我一直都覺得好「正」的一個東西，無論是做自己的氣質或是待人處世態度上的氣質。還有，跟大家一齊學習更「正向」。我覺得是我的使命感驅使我想更多人也正面一點。

人生可以「亦正亦邪」，很多事情人與人之間都不會只有一個角度去看對錯、好與壞，不是非黑則白、不會我全對你全錯……

年年考第一的人都可以差到無人有；黑社會都可以有義氣、盜亦可以有道（當然唔鼓勵加入黑社會或做壞事啦）。

贏唔贏無人知
搏到盡我話事
幽默啲看人生
輕鬆啲看成敗
怎樣 make sense 去活出你的精彩一次人生你話事！

北海・道人生

何心宇◆中一學生

大家好！我是一名中一的學生，生活在一家三口的中產家庭，家境算是良好吧！不過我的爸媽經常叮囑我要好好做人，孝順，聽了都感到厭煩。

我爸經常說：「做人第一條件是要品格好，待人有禮，學業是其次。」我覺得很厭煩，中學生就讀書嗎？品格好有甚麼用？

作為一個中學生，讀書辛苦，一放學就該放鬆一下，就如「打機」，令我舒緩壓力，減少功課和學業帶來的負擔和負面情緒。我爸媽是雙職父母，他們在同一間公司工作，通常都晚回家，我則挺早睡的。

有一次媽早回家看我，我記得她問：「今天派了默書嗎？」我感覺她話中帶怒，因此我吞吞吐吐地回答了。

她那時正在沙發摺衣服。我「扮有型」地說：「真的有那麼多的家務嗎？坐下休息吧！不，先打妖怪吧！哈哈！」我沒有理會媽媽，但是她停了下來，語重心長的說：「孩子，你還小，這些工作由我來做吧！是挺多的……」我那時還沒明白媽媽的意思。

在去年十二月頭的時候，我祖母和祖父一起去了北海道。在他們去的第二天晚上，我收到了一則令人震驚而悲痛的消息：「你祖母在當地跌倒了，手踭斷骨，你明天放學後來看她吧！」我整夜難眠，心中害怕這白頭人的身體……

到了當天下午，我放學後就直奔醫院，花了半小時，我就到了。祖母握住病床的扶手，緩緩地挺直腰來，我連忙請她坐下，她面上那笑呵呵的嘴和紅彤彤的臉龐我記憶猶新。

爸爸說：「這星期你有兩天放假，過去祖父家幫忙照顧祖母吧！」我非常不情願，當然，放假應該要放鬆一下吧！

星期五那天，我到了祖母家，我記得她當時在看電視，她看到在窗外的我（他們住在村屋），又站立起來，我馬上請她坐下，我理直氣壯地說：「有……有……甚麼……可以幫手的？」她呵呵地笑了起來，道：「你幫我收了陽台的衣物，然後……」祖母還沒說完，我就奔向陽台收集衣服。祖母看到我手忙腳亂在忙的情形，不禁又哈哈大笑了起來。

「好累喔！終於做完了！」我抱怨着，坐在沙發上。「原來你們家有很多家務要完成的，我上次來的時候沒有那麼多喔？」祖母沒有回應。

當天晚上我記得我很早就睡了，我隱約聽見祖父的話，他的話令我有點想法：「他平常很少那麼努力，只顧打機，今次他總算肯幫手。唉！」「算吧！我們養育了他那麼多年，我們不想前功盡廢；我想，他會體諒我們和他爸媽的。」我在那一刻決定，我要為受傷的祖母出一分力，我要讓她感覺到溫暖和感動；讓她得知，我是一個孝順長輩，懂事理的男孩！

回家後我多次反省，我是要做一個甚麼樣的中學生呢？始終爸媽日夜疲於奔命，都是為了我，但是人生不是應該好好享受的嗎？你們又怎樣想？

要改變自己的病態，就先要由日常開始。來吧！我和你和他一起做個勇敢、正直、勤奮、努力、樂於助人和體諒長輩的中學生；讓他們知道，我們是可以給他們溫暖，是可以照顧好自己；是可以幫助別人的好孩子！

你們又會不會為了自己而改變自己的人生價值觀呢？

人生下半場

何錦華◆演藝人 傳媒人

今年是從事演藝行業的第四十五個年頭，能一直在自己喜歡的行業中「活着」，心懷感恩！更感恩在這四十五年來，有多次「轉場」的福緣。還要在六十二歲之年，幸運地有機會在另一個國家成立公司，邊學邊做，實踐自己的夢想事業，以下是我的小故事：

還未足十八歲時，有幸考入TVB的配音藝員訓練班，三年後已算是配音界「姐仔」，為大部份的電影女主角配音，在七十年代末，每月平均有五千元的收入，穿戴時尚品牌，但是，時而驕傲，時而擔心：自己能一直「紅下去」嗎？擔心他日年紀大了，眼慢口慢，就會被淘汰。

當時，遇上一位導配張文虎，他告訴我，世界其實好大，他認為我該離開配音室出去看看外邊的世界，於是我開始和他合作，投資開設玻璃纖維公司，白天去相機舖推銷，兼任送產品，晚上就去配音，用配音的收入去幫補公司的虧損，一年後失敗離場。第一次「轉場」失敗後，賠上金錢、健康和感情。

一年後，再遇「轉場」的機會，就是可以成為香港電台的藝員。

自小受我第一位補習老師陳笑燕的影響，在香港電台工作是我的夢想，但當時香港電台的月薪只有電影配音的四分一，還要朝九晚五上班，汲取第一次「轉場」失敗的經驗，我明白必須在電台廣播及電影配音二選一，終於我決定到香港電台工作。

在香港電台的十七年中，亦有多次的「轉場」機遇，由廣播劇組、至DJ，再轉至全幕後的節目監製，因為我明白自己有一把甜美的聲音，做節目平穩得體，但沒有像何嘉麗、林珊珊的廣播才華，不是廣播明星之材，長遠計必須由咪前轉至咪後。幸蒙當時香港電台第二台台長張文新先生給予另一次「轉場」的機會，由數飯盒搬鐵馬的最基本工作開始，被他訓練成為一位電台監製，負責製作香港電台的大大小小演出。同時，在那段時間，偶然為了幫一位電影配音導配救場，重出江湖，為電影《倩女幽魂》的王祖賢配音，電台工作之餘再兼任配音工作，於是，曾經有數年的時間，身兼電台監製、一線配音員、電影配音導配三職，每天工作十八小時，年中無休，當時以為擁有了世界。

九十年代中，面對另一次「轉場」的挑戰，出任電影公司的總經理，那是一次極淒厲的陷阱，蒙受巨額的經濟損失，但其後在一些電影同業的支持下，有機會從事電影宣傳、發行、項目策劃的工作。基於自己不怕吃虧的個性，在吳思遠導演引薦下，開展一些與內地演藝界合作的機遇。

跌跌撞撞數十載，轉瞬已屆五十多歲退休之年，偶然，遇到了 ABC Cooking Studio，由學習日本和果子、日式麵包、甜點至日式家庭料理，當時去學藝是為了減壓，但原來冥冥之中，上天為我安排了人生下半場的機遇——烘焙之旅。

我從小到大很喜歡吃麵包，當我第一次開始接觸麵團後，我愛上了手作麵包那份感覺，我享受每一次的製作過程，由麵粉、至麵團至製成品，就如看着生命的成長，是充滿動力的。製造過程中的精髓亦帶給我在日常生活及工作另一些體會。我一有時間便去上課，用一年完成了該學校烘焙課程的初班、深造班、高班。

我愛上了烘焙，感受箇中的活力和生命力，亦迷上了做學生的感覺，於是，向難度挑戰，報讀東京藍帶國際學院的烘焙文憑課程，希望有機會進一步接受專業的培訓，學習手作麵包的技術和烘焙的文化精髓，期盼藉着這次的學藝經歷，另有體會，拓展思維，既是追夢，又是自我挑戰，也算是本人開始工作以來，一次最長的假期，是作為送給自己六十歲的禮物。申請入學時，我用書面陳述學藝的理由，幸運地，他們接收了我這位超齡學生。

選擇隻身赴日修學的另一個原因，是日本位處地震帶，常面對天然災害的挑戰，我想借機鍛煉自己面對無常，鍛煉自己在陌生環境如何一人生活，我和老伴生活多年，成為習慣，但最後總不會一同離開，誰先走是誰的福氣，留下的人要學習獨立生活，面對無常的磨煉。

六十歲生日慶祝會後的一個月，懷着高漲的心情步入課室，十多位同學大部份是職業的廚師，年輕力壯。第一日上課簡直是災難級，雞手鴨腳，麵粉的份量是在香港上興趣班的數倍，六小時課程中，全程站立，邊學邊做邊抄筆記，更要同時兼顧三個麵團；流程、做法、使用的機器和工具都不一樣，動作步伐永遠是全班最慢的一個，甚至幾乎連累全班同學們不准放小息，不禁使我質疑自己是否太衝動，太不自量力，是否應該退學。

但我每天上課途中都會看見一班小一學生，背着書包提着飯壺搭地鐵上學，給我很大的啟悟：他們都可以為甚麼我不可以？這是我選擇的自我挑戰，不要給負面思想打敗。小時候，媽媽教我將勤補拙，所以我星期六日留在公寓加倍練習。

排除萬難之後，終於畢業，慶幸進階文憑試的成績亦比初班考試時進步，我感恩自己遇上一位嚴厲兼口惡心軟的好老師，他說：「廚房是團隊工作的地方，今日你跟我學習，就要用我的方式，遵照指令，他日有機會跟其他師傅，就學他們的一套，每人有其手法和方式，是沒有絕對的，學多了，你就可以從中找出自己最舒服最瀟灑的方法。」在畢業典禮上，校長說：「藍帶的文憑只是打開廚藝職場的鑰匙，是學習的開始，前面還有漫長的路。」這些我都銘記在心，於是，在東京藍帶國際學院畢業後，我不斷去台灣及日本，跟隨不同的日本老師學習烘焙。

在去年底，再一次越級挑戰，報讀日本鳥越製粉廠的烘焙研修課程（註：此課程本是供有三年烘焙在職經驗的廚師進修的），在這次課程中，除了更科學化去了解麵包的論據，知道日後怎去更穩定控制品質之外，最重大的收穫是學習日本的匠人精神：存好心，做好本份，才有好成品；別以為擁有最完美配方就是世界頂級的麵包大師，要訣是在心，凡事由心出發，用心鑽研，細心做好每一步，開放的心胸去接受日新月異的常態，有真心才可以成為出色的麵包匠人；毋忘專業道德、信念、理論，哪怕平庸的配方在你手上都會做出好吃的麵包。如果心不正，只能是操作麵包機的工人，而非麵包師。事實上，以上的觀點，放諸各行各業也是一樣。在這課程畢業試中考取第一名時，是何等的開心，開心不是因為第一名，而是六十多歲還能有學習能力，那不是必然的。

非常感恩在二次人生中，愛上烘焙，重新有學習的機會，學到老是何等幸福，專心做一件事何等快樂，人老不一定是心老，學習，帶給我生命力、動力；學習能讓人更年青，知道更多新事物，老伴說我學了烘焙之後，橫向思維有進步，從多角度去解決困難。多謝老伴的支持，撐住個家，讓我專心享受學習之樂。

不少朋友問我，學烘焙是否想開麵包店，其實，學習之初是為了貪玩、減壓，繼而是自我挑戰。後來，則有一個心願是開設小教室，與人分享學藝之道，及烘焙之樂，因為，學習的精神最神奇的是有大的傳播力的，我戀上烘焙後，感染身邊的朋友們都對烘焙產生興趣，催促我開班。原來不少朋友都在思考人生的下半場可以怎樣，做點甚麼。學習帶給我生命力，我希望可以把這個生命力帶給其他人。

這家小教室，還會設立一些時間，專門教授學做麵包、甜點，因為今天我所擁有的是上天賜了我敏銳的聽覺和一把感人的聲線，我幫助聽障及語言障礙者學多一些技能，以作回饋，同時，我一直覺得，他們的心比較靜，或可以成為出色的麵包或甜點匠人。

因為香港的環境，遲遲未能把設立小教室付諸行動，但機緣巧合之下，我遇上志同道合的朋友，她也正值轉入人生下半場的時刻，我和她決意在日本東京合組文化交流公司，在二〇二〇年下半年開始，策劃及組織食藝文化及手作藝術交流活動，各式各樣的遊學短期課程，及一些生活藝術交流講座，以匠心、分享、承傳、終身學習為新公司的目標。

新公司是我人生下半場的夢想事業，既可結合昔日的工作經驗，融入自己的新興趣，更可邊做邊學。當然，我明白夢想事業至落實執行相信還會遇上許多挑戰，只想在有能力有健康之年，接受二次人生的試煉，只想把握夢想，只想無悔。

感恩多位恩師友好為我寫推薦信，感恩遇上好的生意夥伴燕玲，感恩遇上一位有心的商務律師滕井女士，讓我踏出第一步，在日本開設公司需要向政府呈交公司計劃書，在撰寫計劃書時，這位律師不斷提出很多問題，正好幫助我把事情想得更細緻，當我看見最終版本的計劃書時，我不禁掉下淚來，因為律師附加整理公司目標客戶群，過去三年在日本消費的分析報告，讓整份計劃書更實在，終於取得認可，可以展開成立公司。她這種做到加零一的精神，警惕着我將來也要用如斯態度去經營自己的生意，面對我的客戶，為了感謝她和合夥人，我一定要更用心做好這間公司。

執筆之時，正值香港面對巨大的天災人禍，大年初一我與老伴攜外孫女「離家出走」，未定歸期，也取消了原定二月份所有的授課。相信不少香港人現也在十字路口，面臨抉擇，找尋何去何從！祝願每位香港人如火鳳凰，堅強互助，衝破厄運。香港人，加油！香港人，活出更精彩的二次人生。

信：愛在人間！

信：人在做，天在看！

二〇二〇年二月二十日

今日邊個嚟揾你？

黃詠琴 · 廣告傳媒人
靜觀導師

係人都知，運動飲食對身體健康好重要，
但係，對於心靈，點做先可以保持健康呢？
個腦，係用嚟諗嘢，
不過，佢諗得太多喇，從一個思緒跳到另一個。
有時唔到我哋控制，亦幾乎冇停過。
事實上，思緒只係思緒，
佢哋實際上係同我哋分開。
思緒雖然強大，但有啲係無益、不必要、唔開心，甚至唔真實，令我哋感覺好差。
其實，你係有——得——揀！
你可以選擇投入喺某一種思緒或情緒，減低對情緒嘅反應，
咁會令你減少分心，多啲投入喺生活中有價值嘅事情當中，令自己更開心。
透過練習靜觀，就好似幫頭腦做健身一樣，
意思係，令自己識得選擇投入喺邊種思緒。
乜係靜觀呢？

靜觀就係留心當下正在發生嘅事情，唔會將思緒糾結喺過去或者擔心未來。有研究顯示，專注當下會令我哋更能意識到並接受日常生活，從而令生活、學習更加有意義同有效。

修習靜觀並唔係坐喺度發呆！你會學識注意自己嘅思緒同感受，留意四周嘅事物、氣味同聲音。一般練習時間係五至十分鐘，幫助訓練大腦一次專注一樣事情，等我哋喺練習時更了解自己嘅思緒、感受同周邊嘅事情。你又可以叫佢做專注力訓練，就好似訓練自己玩一項運動、學一種樂器一樣。

經常練習會令你感覺更加平靜、快樂同放鬆，壓力少啲，瞓得好啲。

最後，送畀你來自 Jalaluddin Rumi 嘅詩：

人生就好似一間酒店
每一日都有新嘅客人嚟 check in
開心會嚟

沮喪會嚟
滿足或者失望
隨時都會搵上門
我哋會招待所有客人
就好似今日咁
嚟咗一大班憂傷
瘋狂掃蕩咗間客房
將你淘空
佢嘅目的都係為咗喺可見嘅將來
為你帶嚟一啲更好嘅嘢
當晦暗嘅諗法
甚至乎係惡意嚟到嘅時候
你要做嘅，就係喺門前開心咁迎接，歡迎佢哋大駕光臨

生命二軸

李穎明博士 ◆ 臨床心理學家
機構心理學家
社會心理學家

「轉變」，無論是被動或主動，似乎是我生命其一主旋律。世界不斷在變，或為未來的變遷作準備；或許亦因七年之癢，不大願意安於現狀，追求不羈與自由。

自幼稚園以來，讀過七所學校，畢業前做過七類散工，畢業後轉換過七次工作或崗位；擔當過二十多種義務工作。愛上日新月異及人性化的工作。在急症醫院工作的日子最長，慣於應付突發或災難事故，醫治長期病痛，面對生老病死，深深體會生命的無常。人生就是環境與心境的互動。於我而言，有意識的抉擇和轉變，就是成長。

出生以來，除了現時住了超過二十年的居所外，已搬住過十五個家（包括大學宿舍）。從小時成長的九龍區，搬往港島區，跨區上課上班，到新界離島遠足及近年往返農田；並曾出國留學，到處揹背囊遊歷——地域的轉變、開拓，拉闊了我思維的空間。

中學以來，有機會接觸到不同的文化社群，認識和包容了主流以外的論述和生活形態。從事心理學，更對自己有要求；要不斷反思、成長、進化，放下舊包袱，求同存異。大時代的轉變，無論是國際大事、社會運動、極端天氣、世紀瘟疫等，多多少少衝擊自身的存在意義。地球污染、氣候變化，更驅使我探索心理學以外的廣闊世界，例如環保、種植。少年時以為科學是唯一真理，成年後更欣賞藝術的情感價值和人文精神。

經歷過戰亂的上幾代，極渴望有把握的安全感。回想祖父對孫兒們光宗耀祖的期望，傳統中國大家族的論資排輩，有形無形的家規；上一輩親戚之間的恩恩怨怨、妒忌不滿、埋怨指責、閒言閒語、互相把兒女比較；是是非非中，交雜着對血緣的忠和責。我不知不覺在這些噪音中成長。幸好有意識以來，不用與大家族同住，可以保持一些空間距離。相對地，外祖母懂得知足常樂，樂於助人，無師自通，默默耕耘，或許有些少被她潛移默化。少年時曾夢想做個和平使者（或紛爭調解員）。

我生長在一個虔誠的天主教大家庭，單純地相信「愛」，信奉和諧，順從形式主義和禮節。但是，當目睹表裏不一、對尊卑地位的執着、對異己的偏見成見排外、離不開面子權力鬥爭等人性陋習，便種下一份自孩時潛意識的不安和問號。成年後開始對表面和諧的現狀提出疑問，才發現有些「愛」，其實帶有虧欠、內疚、操控。從一個眾人眼中的乖孩子，一直依從相信是理所當然的主流價值和規則，在不斷的生命衝擊和磨煉下，我期望自己超脫成為一個有真正獨立思考的人。

我生命的另一主旋律：忠於自己，活出真我，不害怕孤身上路，對主流以外的另類選擇持開放態度；好好地做一個勇於跨越時間、空間、地域、文化、族群的人生旅者。這路當然並不易行。

在「真我」和「成長」兩軸旋律的交錯中，我有很多人生轉捩點，較有突破性的改變有二：①寫博士論文令自己更深入思考、挑戰往常視為真理的假設、常規。②離開工作多年的公營機構大系統，追求夢寐以求的自主生活。總而言之，最大的「二次人生」，是意識到深層情感思想的枷鎖，不再自我設限，從而釋放自己。十分相信時間比起金錢更寶貴，要善活此生。

生生滅滅之間

令狐聰◆文字人

聽說，人體細胞分秒在生生滅滅，大約七年，原來的細胞全部會被更新。如是，每個七年，都是二次人生。

聽說，睡眠時跟死亡很相似。如是，每天睡醒，都是二次人生。

聽說，當人沒心跳沒呼吸死亡後會轉世。如是，每個下世，都是二次人生。

換言之，我們每刻都可以是一個二次人生，而每次的「二次人生」都必不一樣；有些轉變，像是定律或不由自主的，比如我身體發育萎縮、肌肉長出身形長高骨質流失退化、頭髮增長變白脫落等都非能控制。同時這些不一樣又在向外公告，我的身份變了，請更新你對我的期望，包括由小孩變學生、由學生變僱員、由女朋友／男朋友變妻子／丈夫、再變成母親／父親等。這些身份角色，都是每次人生劇場的主軸，我們努力地依劇本好好擔演自己劇場中的主角。

像很多人，我這樣一個凡人，沒刻意把命運寫好的劇本大綱改寫：我是在香港土生土長的香港中國人、八十後、黃皮膚、啡眼睛、女性、五呎四吋高、三歲讀幼稚園、六歲讀小學、十二歲讀中學、十八歲入大學、廿二歲投身社會工作做朝九晚五的打工仔。不過，在每個「二次人生」的劇本中加點心意、創意、鬼主意，讓他們精彩好玩，例如與老師吵嘴的學生、把零用錢亂花在打機的女兒、不願返朝九晚五的打工仔、做一份沒有固定收入但很享受的工作、不把夢想困在屋仔的租客、不生小孩的人妻、跟比我還小的人談戀愛、酷愛和母親談心的女兒等，讓自己的心作主導，把自己信念、信心、夢想等等都加進去，讓每一個二次人生，跟之前一次或是跟別人都會有點不一樣。雖然每個人生都未必如意，但每時每刻，又或睡醒了，又或年年月月以後便是「二次人生」。享受當下，此刻的人生很快完結，但很快會出現二次人生，我們不能改寫已完成的，但向前看，還有生生不息的二次人生，閉上眼深呼吸，又是另一個給你演出的機會。

www.cosmosbooks.com.hk

書　　名　二次人生
編　　者　梁以花
策　　劃　何力恒
責任編輯　王穎嫻
美術編輯　郭志民
插　　圖　劉健業
出　　版　天地圖書有限公司
香港黃竹坑道46號新興工業大廈11樓（總寫字樓）
電話：2528 3671　傳真：2865 2609
香港灣仔莊士敦道30號地庫／1樓（門市部）
電話：2865 0708　傳真：2861 1541
印　　刷　亨泰印刷有限公司
柴灣利眾街27號德景工業大廈10字樓
電話：2896 3687　傳真：2558 1902
發　　行　香港聯合書刊物流有限公司
香港新界大埔汀麗路36號中華商務印刷大廈3字樓
電話：2150 2100　傳真：2407 3062
出版日期　2020年6月／初版

（版權所有・翻印必究）
© COSMOS BOOKS LTD.2020
ISBN ：978-988-8548-82-8